엄마가 만드는
책 읽기의 기적

엄마가 만드는
책 읽기의 기적

김현주 지음

두드림미디어

시작하는 글

**새 책을 열 때마다 느껴지는 그 특별한 향기,
그 안에 담긴 새로운 세계로 초대합니다!**

대학을 졸업한 후 서울시 임용고시에 합격하고 공립학교에서 교사를 한 지 9년째 되는 해에 저는 퇴사했습니다. 당시에는 의원면직 신청서를 제출하러 기관에 직접 방문했는데, 기관 직원이 저에게 왜 이렇게 좋은 직장을 그만두시는 거냐고 물었습니다. 그래서 저는 웃으며 "더 좋은 곳으로 가려고요"라고 이야기했습니다. 그 직원은 저에게 사립학교로 가는 것인지 물으며, 이직하는 곳의 대우와 연봉이 공립학교보다 더 좋은지 물었습니다. 저는 그 반대라서 이야기가 길어질 것 같아 그냥 웃으며 나오게 되었습니다.

이직한 대안학교에서는 국어를 가르치게 되었는데, 가장 좋았던 점은 제가 읽고 싶은 문학책을 마음껏 읽고 수업시간에 같이 나눌 수 있다는 점이었습니다. 대안학교에서는 국어 시간에 교과서 대신 문학 작품을 함께 읽고, 이야기하며, 글을 쓰는 활동을 하고 있습니다. 아이들과 함께 글을 읽으면서 가슴 뛰었던 작품에 대한 감동을 함께 이야기하고, 등장인물이 꼭 이런 선택을 했어야 했나? 등 의문이 든 점도 이야기합니다. 《키다리 아저씨》에서 주디가 어려운 상황에도 굳은 마음을 먹은 것을 보며 설레기도 하고, 《로빈슨크루소》를 보며 주인공이 야만인에게 들킬까 봐 가슴 졸이며 한 장 한 장 넘기기도 합니다. 《일리아스》에서 신들의 일방적인 결정에 같이 분노하기도 하고, 《삼총사》의 달타냥이 화를 참지 못하고 덤비는 모습에서는 아쉬워하기도 합니다. 아이들도 저와 같은 마음을 느낍니다. 제가 제일 좋아하는 말은 "벌써 끝났네"입니다. 수업 끝나고 나가는 제 뒤통수에 대고 "선생님 수업 시간이 너무 빨리 가요"라고 이야기하면 빙그레 웃음이 절로 납니다. "어려울 줄 알았는데 읽어보니 재미있어요", "저 책이 너무 재미있어서 다 읽어왔어요"라고 말하며 수업이 시작하기를 기대하는 눈빛을 보면 저도 참 행복합니다. 오늘은 어떤 일이 일어날지 책을 통해 배우는 즐거움은 상상 이상으로 큽니다.

샬롯 메이슨(Charlotte Mason)은 아이들에게 '살아있는 책(Living book)'을 읽어야 한다고 이야기합니다. 살아있는 책이란 단순히 정보를 전달하는 단편적인 지식이 아니라, 독자의 마음과 상상력을 자극해서 깊이 있는 학습을 이끌어내는 책을 말합니다. 책은 공부를 잘하기 위해 단편적인 지식을 배우고, 국어 스킬을 위해 부분적으로 이용되는 것이 아닙니다. 고전 문학은 오래전부터 많은 사람들을 통해 읽히며 시대와 장소를 뛰어넘어 감동과 교훈을 줍니다. 작가의 정신과 생각을 통해 지금까지도 배움이 일어나게 합니다. 아이들은 책을 통해 작가를 만나고, 작가가 만들어

낸 새로운 세상을 만나며, 작가가 이야기하고자 하는 가치를 만납니다. 그러면서 옳고 그른 것이 무엇인지 기준이 세워지고, 자기의 생각이 명확해지며, 성숙해져갑니다. 하지만 요즘 아이들은 살아있는 책을 만나는 시간을 잃어버리고, 스마트폰과 과도한 사교육에 시간을 빼앗기는 현실이 안타깝습니다.

이 책은 세상에서 가장 소중한 내 아이를 두신 부모님들께 보내는 글입니다. 사랑하는 자녀를 위해서라면 무엇이든 해주고 싶고, 더 해주지 못해 미안한 마음이 부모의 마음이라고 하지요. 저도 9살, 7살 딸 둘을 둔 엄마이다 보니 그 마음을 잘 알 것 같습니다. 잘 도와주고 싶은데 무엇을 어떻게 도와줘야 할지 모르는 부모님들께 조금이나마 도움이 되고자 이 책을 썼습니다. 초등학교 아이들을 17년간 가르쳐오며 '어떻게 하면 아이들을 행복하게, 또 미래에 다가올 세상에서 실력을 갖추도록 도울 수 있을까?' 고민했습니다. 그리고 그 방법 중 하나가 '살아있는 책 읽기'라는 것도 체득하게 되었습니다. 이 책을 통해 많은 부모님들과 아이들이 살아있는 책을 읽기를 바랍니다. 책을 읽으며 서로 즐거워하고, 많은 이야기를 나누며, 옳고 그름을 분별해서 이 세상에 빛과 소금처럼 행동하는 멋진 사람으로 성장하기를 응원합니다.

"나는 해리포터에 나오는 마법을 믿지 않습니다. 하지만 정말 좋은 책을 읽는다면 마법 같은 일을 경험할 수 있을 것이라고 확신합니다."

-J.K. 롤링(Joan K. Rowling)-

새 책을 열 때마다 느껴지는 특별한 향기를 아이들과 함께 나누세요. 그 안에 담긴 새로운 세계가 아이들을 설레게 합니다. 부모님이 느끼는 책의 즐거움을 아이들도 느낄 수 있도록 책 읽기의 순간을 함께 해주세요.

2024년 9월

김현주

 CONTENTS

6부. 내 아이의 뇌를 줄어들게 만드는 최고의 비법 - 미디어 중독

〈부록〉 아이와 함께 가볼 만한 도서관

엄마의 약점,
책 읽기가 채워준다

1장

육아는 입시가 아니다
– 책 읽기의 진정한 가치

'옆집 아이는 벌써 한글을 읽고 쓴다던데….'

'같은 반 친구는 과학전집을 다 읽었다던데….'

아이를 키우다 보면 자연스럽게 비교의식을 느끼게 됩니다. 어렸을 때는 분명 '건강하게만 자라다오' 하는 마음이었던 것 같은데, 주변 또래 아이들이 어느덧 공부를 잘하는 것을 보면 마음이 불안해집니다. 우리 아이만 뒤처지는 것은 아닐까? 혹시나 공부를 잘 못해서 주눅들지는 않을까? 하는 생각이 드는 것이지요. 이러한 걱정은 자녀가 초등학교에 들어가면서 더 두드러지게 나타나는 것 같습니다. 그러다보니 집에 초등학생이 꼭 읽어야 할 문학 전집 세트, 수업 시간에 도움된다고 하는 사회, 과학전집들, 초등학생들이 많이 읽는다는 영어전집 등을 많이 구입하십니다.

책 읽기의 진정한 가치

책을 많이 읽으면 공부에 도움이 되는 것은 사실입니다. 수업에서 배경지식을 넓히는 데도 유용할 수 있습니다. 하지만 책 읽기를 '입시'의 도구로만 여기고 '공부 머리'를 늘리기 위해 책 읽기를 강요할 때 문제가 생겨납니다. 아이에게 필요한 전집을 다 사줬는데, 책장 가까이에도 가지 않나요? 책장에 꽂힌 새 전집 그대로 꺼내 보기도 싫어하나요? 그렇다면 부모님의 욕심이 아이의 책 읽기를 방해하고 있는 것은 아닌지 생각해보셔야 합니다. 책을 많이 읽으면 수업에 도움이 되기 때문에 독서를 입시의 도구로만 여기고 아이에게 닦달하고 있는 것은 아닌지 말입니다.

행복을 위한 책 읽기

프랑스의 철학자 몽테뉴(Montaigne)는 '책은 나의 고통을 달래주는 유일한 위안이자 친구'라고 말한 바 있습니다. 책을 읽는다는 것은 단순히 정보를 얻기 위한 행위가 아닙니다. 책은 우리를 다른 세계로 이끌고, 새로운 생각을 제공하며, 감정적인 위로를 줍니다. 아이들이 책을 읽으면서 느끼는 작은 행복은 그 자체로도 큰 의미가 있습니다. 책을 읽으면 행복해집니다. 책을 읽고 있는 나를 발견할 때 '나 좀 멋있는데' 하는 생각이 들어 행복해집니다. 또 책 속에서 감동적인 장면을 만날 때 너무나 가슴이 벅차기도 합니다. 한 줄 한 줄 내용이 너무 경이로워서 한숨에 책을 다 읽지 못하고 책을 덮으며 '잊지 말고 간직해야지' 생각하며 행복해집니다. 그리고 생각이 잘 정리되지 않을 때 책 속에서 내 마음을 글로 잘 정리해놓은 것을 보면 '맞아, 바로 그거야' 하며 마음을 알아주는 친구를 만난 것처럼 행복해집니다. 책 속에서 명 구절을 만나면 '작가는 어떻게 이 상황을 이렇게 멋지게 표현할 수 있지?' 하고 감탄하며 입으로 되뇌어 읽어보며 행복합니다. 책을 다 덮고 나면 한 권을 다 읽었다는 뿌듯함이 몰려와 행복합니다. 이렇듯 책 읽기는 그 자체로 행복감을 가져다줍니다. 학습 내용과 전혀 상관이 없더라도 좋습니다. 아이가 행복하게 읽을 수 있는 책을 보여주세요. 아이가 책을 읽으며 행복해하는 모습을 보면 부모도 덩달아 행복해집니다.

성장을 위한 책 읽기

책을 통해 아이들은 다양한 경험을 간접적으로 할 수 있습니다. 주인공의 시련과 고통을 함께 겪으면서 갈등을 해결하는 지혜를 얻고, 이를 통해 성장합니다. 주인공을 통해 80일간 세계를 여행하기도 하고, 바다에서 풍랑을 만나 무인도에 갇혀보기도 합니다. 섬에서 식인종을 만나기도 하고, 알지 못하는 소인국에 잡히기도 합니다. 말을 하는 짐승들을 만나기도 하고, 전쟁에서 싸워 이기는 경험도 합니다. 고아로 태어났다가 왕자가 되어보기도 하고, 공주지만 모든 것을 잃어보는 경험을 하기도 합니다. 이러한 경험의 공통점은 시련과 고통을 만난다는 것입니다. 주인공이 겪는 어려움과 아픔을 함께 겪으며 갈등과 연민을 느낍니다. 그것을 어떻게 해결할지 함께 고민하고 생각합니다. 주인공이 갈등을 해결하는 것을 보며 무릎을 탁! 치는 지혜를 배웁니다. 또는 '저렇게 하면 안

되는구나' 하며 타산지석의 본을 삼아 가려야 할 것을 배웁니다. 책을 읽으며 다양한 경험을 간접적으로 할 수 있습니다. 또 많은 어려움을 해결할 수 있는 지혜도 얻습니다. 책 속의 주인공이 어려움을 극복하는 과정을 지켜보며, 아이들은 자연스럽게 문제 해결 능력을 배워갑니다. 그리고 다양한 사람들의 속마음과 감정을 파악하며 사람에 대해서 이해하는 폭도 넓어집니다. 이러한 책 읽기의 과정을 통해 아이들은 세상을 넓고 깊게 알아가며 성장합니다.

"책은 우리의 마음을 넓히고, 더 나은 인간으로 성장하게 한다"라는 오스카 와일드(Oscar Wilde)의 말처럼, 책은 아이들의 성장을 돕는 중요한 도구입니다. 책은 아이들에게 세상에 대한 폭넓은 이해를 제공하고, 다양한 인물과 상황을 통해 인간관계를 배우게 합니다. 책을 통해 아이들이 행복을 느끼고, 세상을 깊이 있게 바라보는 시각을 갖게 된다면, 그것이야말로 진정한 성장의 시작입니다.

2장

준비가 되어 있는지
아이를 들여다보기

책을 읽어줘도 싫어하는 아이

"우리 아이는 책 읽는 것을 싫어해요. 제가 책을 읽어준다고 해도 몇 장 안 넘기고 금방 일어나서 다른 놀잇감을 찾아가요."

"책 읽어준다고 하면 벌써 다른 곳에 도망가 있어요. 옆에서 읽어줘도 듣는 둥 마는 둥 하고 저만 읽고 있는 것 같아요."

초등학생 자녀를 둔 부모님들이라면 아이가 책에 흥미를 느끼지 못하는 상황에 대해 걱정이 많으실 것입니다. 아이들은 왜 책 읽어주는 것을 싫어할까요?

디지털 미디어와의 경쟁

많은 이유를 들 수 있겠지만 가장 강력한 이유는 스마트폰과 같은 디지털 미디어의 영향 때문입니다. 이전에 아이들을 책에서 멀어지게 하는 강력한 무기가 TV였다면, 지금은 훨씬 더 강력한 라이벌이 등장했습니다. 언제, 어디서나 손 안에서 켤 수 있는 스마트폰의 등장이 바로 그것이지요. 현대 아이들은 태어나면서부터 스마트폰, 태블릿과 같은 기기에 둘러싸여 삽니다. 이러한 기기들은 즉각적인 시각적 자극과 간편한 접근성으로 인해 책과 경쟁하게 됩니다. 특히, 책은 자극적이지 않고, 스스로 생각하며, 차분하게 집중하는 것을 요구하기 때문에 어릴 때부터 스마트폰이나 영상에 많이 노출된 아이들은 문자로 된 책에서 재미를 찾기가 쉽지 않습니다. 책보다 영상을 많이 본 아이가 책에 집중하는 것은 매우 어렵습니다. 이런 반응을 보이는 아이라면 영상 시청 횟수와 시간을 줄여야 합니다.

"미디어 사용을 줄이고 아이가 지루함을 느끼는 시간을 만들어주세요. 지루함은 창의성의 원천입니다"라는 스티브 잡스(Steve Jobs)의 조언처럼, 부모님은 아이가 디지털 기기에만 의존하지 않도록 환경을 조성해야 합니다. 한동안 기간을 정하고 '미디어 금식' 기간을 갖는 것도 추천합니다. 아이들은 지루해야 그 속에서 창의성을 발휘합니다. 스마트폰이 가까이 있으면 지루할 틈이 없어지고, 책도 재미없어집니다. 반대로 아이들이 지루하면 책의 내용이 달콤하게 들립니다. 무슨 내용일까 궁금해서 귀를 기울이게 됩니다. 내 아이가 책을 읽어주는 것을 싫어한다면 미디어 사용량이 얼마나 되었는지 먼저 생각해주세요. 그리고 한동안 아이에게 지루할 기회를 주시고 지루해서 몸부림치도록 해주세요. 지루함 속에서 엄마가 읽어주는 책을 달콤하게 느낄 수 있습니다.

적은 분량의 재미있는 책부터 읽어주기

두 번째는 책을 들을 귀가 커지지 않았기 때문입니다. 아이들은 부모가 읽어주는 책 읽기를 통해 들을 귀가 커집니다. 예로부터 뱃속의 태아에게 책을 읽어주는 태교 방법이 있어 왔습니다. 아주 어린 아이에게도 책을 읽어주는 것은 매우 효과적입니다. 책의 내용을 잘 알아듣지 못하고 전부 이해되지 않아도 괜찮습니다. 다른 사람과 소통할 때 제일 먼저 필요한 것이 '경청'하는 능력이기 때문에, 아이들에게 책을 읽어주고 그것을 듣는 훈련을 하는 것은 매우 중요합니다. 부모가 책을 읽어주는 것을 들은 경험이 적은 아동일수록 다른 사람의 말에 귀 기울여 듣는 에너지를 쓰는 것이 약합니다. 자신이 하고 싶은 행동을 멈추고 다른 사람의 이야기를 집중하는 것에는 많은 에너지가 사용되기 때문입니다. 책을 들을 귀가 작은 학생은 분량을 줄여서 쉬운 책부터 읽어주세요. 이런 아이들에게 호흡이 긴 책은 어렵고 지루할 수 있습니다. 흥미를 보이지 않는 아이일수록 아이가 재미있게 읽을 수 있는 수준의 책을 찾아서 읽어주시면 좋습니다.

아이들의 수준과 관심에 맞는 책 읽어주기

아이가 책을 좋아하지 않는 또 다른 이유는 적절하지 않은 책을 선택했기 때문일 수 있습니다. 아이의 관심사에 맞는 책을 선택하는 것이 중요합니다. 아이들마다 관심 있는 분야가 저마다 다릅니다. 어떤 아이는 요리에 관심을 보일 수도 있고, 축구나 공룡을 좋아할 수도 있습니다. 꽃이나 자연을 더 알고 싶어 할 수도 있고, 나라 이름을 보며 국기 모양을 외우고 관심을 가질 수도 있습니다. 책을 읽기 싫어하는 아이라면, 아이의 관심이 무엇인지 알아주세요. 예를 들어, 공룡을 좋아하는 아이에게는 공룡에 관한 책을, 우주에 관심이 많은 아이에게는 우주 탐험에 관한 책을 읽어주면 아이가 책에 더 큰 흥미를 느낄 수 있습니다.

"모든 아이는 호기심이 많습니다. 그들의 호기심을 자극하는 책을 선택하세요"라는 알베르트 아인슈타인(Albert Einstein)의 말을 기억해주세요.

3장

내 아이의 사생활
- 친구 관계가 흔들리면 공부가 흔들린다

"선생님 우리 아이는 누구랑 친한가요?"

"우리 아이의 단짝 친구는 누구인가요?"

"○○이는 친한 친구가 없는 것 같아요. 어떻게 해야 하나요?"

학부모 상담 기간에 찾아오는 학부모님들이 자리에 앉자마자 하는 질문입니다. 학업이나 건강, 학습 태도에 대한 질문이 많을 것 같지만 아이의 대인관계, 친구에 대한 질문이 가장 많습니다. 부모님들의 가장 큰 고민 중 하나가 자녀에게 친한 친구가 없다는 것입니다. 누구와 어울리는지도 모르겠고, 친한 친구도 딱히 없는 것 같다 보니 학교생활을 잘 하고 있는지, 혹시 적응하지 못하고 혼자 놀고 있는 것은 아닌지 궁금해하시는 부분이 많습니다. 학교에서는 두루두루 잘 지내는 것처럼 보여도 여가 시간이나 휴일이 되면 같이 놀 친구가 없어 보입니다. 그럴 때면 우리 아이의 사회성은 괜찮을까, 은근히 친구들 사이에 끼지 못해서 소외감을 느끼지는 않을까 걱정되시는 것이지요.

내 아이에게 단짝이 없는 이유

아이들에게 왜 친한 친구가 없을까요? 제가 처음 학교에서 교직을 시작한 것이 2008년 무렵이었는데 그때도 부모님들의 고민은 비슷했습니다. 여러 가지 이유가 있겠지만 아이들은 다른 사람과 친해질 방법을 잘 모르기도 합니다. 요즘 아이들이 내 몫을 챙기는 것은 누구보다도 빠르게 잘하지만, 다른 사람의 마음을 헤아려서 생각하거나 행동하는 것에는 더뎌서 그런 것일까 하는 생각도 들었습니다. 내 것을 잘 챙기는 성향이 강하다 보니 굳이 다른 사람과 교류하거나 내 것을 나눠줄 필요가 적습니다. 다른 사람의 마음을 얻으려면 내 것을 주며, 상대방을 유익하게 할 때 친밀감이 형성되는데, 아이들에게 이런 경험이 적기 때문입니다. 한 지붕 아래 가족 구성원이 많았던 옛날과 달리, 요즘은 자녀가 한 명 또는 두 명이기 때문에 다른 사람과의 상호작용이 줄어든 것이 큰 이유겠지요.

또 이전과 달리 아이들이 너무 바쁩니다. 이전에는 하교 후에 남학생들은 같이 축구도 하고, 여학생들은 같이 떡볶이를 사 먹거나 다른 친구 집에도 놀러 가고 했는데 요즘 아이들은 그런 경험이 많지 않습니다. 학교가 끝나면 운동장이 휑합니다. 놀이터에서 시간을 보내고 노는 아이들도 많지 않습니다. 대신 하교 후에 다녀야 할 학원 스케줄이 빼곡하게 차 있습니다. 그러다 보니 아이들이 학교 외에 친구를 만나고 사귈 수 있는 절대적인 시간이 많지 않습니다. 친구를 만나려면 운동장이 아니라 학원에 가야 한다는 말이 생길 정도입니다.

이러한 상황은 코로나 시대를 거치며 아이들에게 더 큰 문젯거리로 다가오게 되었습니다. 대한민국에서 공립학교가 문을 연 이래 최초로 국가적 휴교령이 내려졌습니다. 코로나 기간에 휴업과 등교를 반복했고, 1~2년 동안 학교에서 수업하기보다 가정에서 인터넷으로 비대면 수업을 하는 날들이 많았지요. 또 학교에 나오더라도 학생들은 개인 투명 보호막 아래서 마스크를 끼고 있어야 했습니다. 수업 시간은 물론 쉬는 시간이나 점심시간에 다른 친구 자리에 가서 말을 시키거나 대화하는 것이 금지되었지요. 상황이 이렇다 보니 아이들 입장에서 다른 사람과 말을 하는 것이 부담스럽고 어색한 경험을 하게 되었습니다. 다른 친구들과 함께 화장실도 같이 가고, 운동장에서 같이 놀고, 복도에서 떠들면서 친해질 수 있는 기회가 사라진 것이지요.

이러한 이유들로 아이들은 인간관계 맺는 것이 서툴고, 어떻게 해야 다른 사람과 친밀해질 수 있는지 잘 모릅니다. 또 아이들에게 친구가 없는 빈틈을 스마트폰이 채워주기 때문에 심심할 새가 없어져 문제는 더 심각해졌습니다. 이러다가 10년, 20년 뒤에는 '친구 사귀는 방법'을 알려주는 학원이 생길지도 모르겠습니다.

감정이 흔들리면 공부가 흔들린다

제가 만난 한 3학년 남학생은 늘 손에 쥘 무언가를 가지고 다녔습니다. 수업 시간 중에도 무언가를 만지작거리며 손에서 놓지 않았습니다. 어머니께 이유를 여쭤보니 아이가 손으로 무언가 조작하고 만드는 것을 좋아해서 창의성 발달에 도움이 되기 때문에 허용해주셨다고 합니다. 그러나 아이에게 왜 손으로 무언가를 계속 만지는 거냐고 이유를 물어보니 이유가 좀 달랐습니다.

"선생님 저도 계속 만지고 싶지 않아요. 친구들이 왜 계속 손으로 만지냐고 물어봐서 창피했어요. 저도 이 습관을 고칠 수 있었으면 좋겠어요."

부모님과 상담 후 이 아이는 심리상담기관에서 검사를 받게 되었고, 검사 결과 아이의 지능은 평균 이상인데, 친구들과의 관계에서 오는 불안, 염려지수가 높다고 했습니다. 그래서 공부할 수 있는 능력은 되지만 학습 시 받아들이는 능력이 현저하게 떨어지고 제대로 학습할 수 없는 정서 상황이라고 했습니다. 이처럼 아이가 친구 관계에서 받는 스트레스는 학습 효율을 저하시킬 수 있으며, 이는 학업 성취에도 부정적인 영향을 미칠 수 있습니다.

부모는 아이가 겪는 최초의 사회생활

미국의 심리학자인 우리에 브론펜브레너(Urie Bronfenbrenner)는 "아이들이 발달하는 가장 중요한 환경은 그들이 속한 가족이다. 그 가족이 제공하는 지지와 애정은 아이들의 사회적 발달에 핵심적인 역할을 한다"라고 이야기했습니다. 이는 부모와 자녀의 관계가 아이들의 친구 관계에 큰 영향을 미친다는 것을 보여줍니다. 부모가 아이를 지지해주고 격려해주는 것을 통해 아이들이 또래와 건강한 사회적 관계를 형성하는 데 필요한 기초를 제공하는 것이지요.

오늘 아이의 마음은 어떤가요? 오늘 하루는 어땠는지, 마음이나 감정의 상태가 어떤지 먼저 물어봐주세요. 예를 들면 '오늘은 학교에서 뭐 하고 놀았니?', '그 친구는 요즘 뭐 하고 지내?', '친구랑 마음 상했던 건 잘 풀었어?' 등의 질문과 아이가 누구와 친한지, 어떤 친구와 어떤 관계를 맺고 있는지, 다른 친구와 갈등은 없는지, 그 갈등 때문에 혼자 속앓이를 하고 있지는 않은지 관심을 가지고 들여다봐주세요. 이렇게 대화하면서 '세상에 든든한 내 편이 있구나', '내 뒤에 항상 엄마, 아빠가 있구나' 하는 마음이 생길테니까요. 아이들은 아직 사람들과의 관계에서 많이 서툽니다. 부모님에게 이야기하면서 어느새 앓던 이가 빠지듯 마음이 후련해지고, 이전보다 조금 성장해 있을 것입니다.

아이들의 친구 관계는 단순한 사교적인 문제를 넘어, 전반적인 인격 형성과 정서적 발달에 깊은 영향을 미칩니다. 부모님들은 아이가 안정적이고 건강한 대인 관계를 형성할 수 있도록 적극적인 지원을 해주는 것이 필요합니다. 아이의 마음을 이해하고, 감정을 살펴주며, 필요한 도움을 주는 것이 중요합니다. 이러한 과정에서 부모님은 아이에게 힘이 되어주고, 아이가 학교생활을 잘 해나갈 수 있는 든든한 버팀목이 될 수 있습니다.

Tip. 대인관계에 서툰 내 아이에게 추천하고 싶은 책

	제목	저자	출판사	내용
1	마음아, 작아지지 마	신혜은	시공주니어	친구 사이에서 자주 위축되는 주인공이 꽃을 만나며 자신감을 갖는 과정을 담고 있습니다. 잘 못하더라도 자신의 모습을 있는 그대로 사랑하는 것이 얼마나 중요한지 알려줍니다.
2	나랑 친구 할래?	크리스틴 A. 애덤스	비룡소	이 책은 친구를 사귀는 데 어려움을 겪거나 함께 어울리지 못하는 아이들을 위해 친구 사귀는 법과 어울리는 법, 우정을 키워 나가는 법을 가르쳐줍니다.
3	친구의 전설	이지은	웅진주니어	외톨이인 심술궂은 호랑이와 꼬리 꽃이 어울리며 다른 숲속 친구들과 자연스럽게 관계를 맺어가는 이야기를 담고 있습니다.
4	친구가 필요해	박정애	웅진주니어	왕따가 된 주인공이 이모와 교제하면서 변화하는 이야기를 다룹니다. 친구를 사귀는 것이 왜 중요한지, 그리고 어떻게 친구를 사귈 수 있는지를 자연스럽게 배울 수 있습니다.
5	친구 사귀기 대작전	이종은	노루궁뎅이	이 책은 친구의 소중함을 알고 왜 친구가 필요한지 알려줍니다. 친구 사귀는 것이 걱정인 아이들에게 들려주면 좋은 이야기입니다.
6	양파의 왕따 일기	문선이	푸른놀이터	주인공은 왕따를 시키는 아이들 사이에서 잘못이라는 것을 알면서도 따라합니다. 관계 속에서 갈등하는 아이들의 심리를 잘 표현한 책입니다.
7	너도 하늘말나리야	이금이	밤티	세 주인공이 어른들로부터 받은 상처를 안고 있지만 친구를 통해 서로 성장하는 과정을 담고 있습니다.

4장

학교에서 인기 많은
아이의 공통점
- 사랑받는 법을 가르쳐라

초등학교에서 어떤 아이가 인기가 많을까?

○○이는 학교에서 인기가 많은 학생입니다. 누구나 그 아이와 같이 앉고 싶어 하고, 함께 놀고 싶어 합니다. 가장 친해지고 싶은 친구가 누구냐고 물어보면 ○○이의 이름이 가장 많이 나옵니다. 특별히 얼굴이 예쁜 것도 아니고 공부를 가장 잘하는 것도 아닙니다. ○○이는 왜 이렇게 인기가 많을까? 인기 비결이 무엇일지 궁금해졌습니다. 같은 반 학생들에게 "왜 ○○이와 친해지고 싶니?"라고 물어봤습니다.

"○○이랑 노는 게 재미있어요."
"○○이는 내 이야기를 잘 들어줘요."
"○○이는 화를 잘 안 내요."

주변에서 ○○이와 같은 친구들을 보신 적이 있으신가요? 아이들 말에 따르면 ○○이는 같이 놀 때 재미있고, 화도 잘 안내고, 이야기도 잘 들어주는 친구입니다. 아이들은 일단 같이 놀 때 재미있어야 합니다. 아이들은 놀기 위해 세상에 태어났다는 말도 있죠. 그럼 친구가 어떻게 놀아 줘야 같이 놀 때 재미있을까요?

예를 들어 아이들이 "야 놀자!" 하고 오면 먼저 뭐하고 놀지 결정합니다. 그러면 아이들마다 하고 싶은 놀이를 말하는데 하고 싶은 놀이가 저마다 다릅니다. 어떤 아이는 술래잡기, 어떤 아이는 그네 타기, 어떤 아이는 흙장난을 하고 싶다고 이야기합니다. 그러다가 의견을 양보하고 바꾸는 아이들이 생기면서 의견이 한두 개로 좁혀집니다. 이때 타협이 안 되는 아이들이 있습니다. 모두가 술래잡기를 하자고 결정할 때, "난 싫어, 난 흙장난 할 거야!" 하고 고집을 부립니다. 아이들은 한 명을 위해 모두가 의견을 바꿀 만큼 성숙하지 않기 때문에 "그래, 그럼 우리끼리 하자" 하고 술래잡기 놀이를 시작합니다. 고집이 세고 자기 것을 포기하지 않는 성격일수록 친구들과 어울리기가 힘듭니다. 반대로 인기 많은 아이들은 친구들과 타협을 잘합니다. "그래, 그럼 이번에는 네가 하고 싶은 술래잡기를 하고, 다음에는 내가 하고 싶은 흙장난을 같이 하는 거야" 하고 상대방이 원하는 것과 내가 원하는 것을 잘 조율합니다.

초등학교에서 인기 많은 아이의 특징

이런 아이들의 가장 큰 특징은 높은 자존감을 갖고 있다는 것입니다.

표준 국어 대사전에 따르면 자존감이란, '자기 자신을 소중히 대하며 품위를 지키려는 감정'이라고 나와 있습니다. 자존감이 높은 아이들은 다른 친구들의 평가나 시선에 크게 좌우되지 않습니다. '그래도 나는 꽤 괜찮은 사람이야'라는 생각이 저변에 깔려 있습니다. 나의 상황을 다른 사람에게 크게 자랑하지도 않고, 다른 친구들의 자랑에도 좀처럼 흔들리지 않습니다. 친구와 갈등이 생기더라도 '미안해…'라며 조심스러운 표정으로 미안함을 표현할 줄도 압니다.

두 번째 특징은 회복 탄력성이 높습니다. 넬슨 만델라(Nelson Mandela)는 "인생에서 가장 큰 영광은 결코 실패하지 않음이 아니라, 실패할 때마다 다시 일어나는 것에 있다"라고 말했습니다. 회복탄력성은 어려움이나 실패를 겪은 후에도 다시 일어설 수 있는 힘입니다. 실패하거나 거절당하더라도 금방 회복하고 다시 도전하려는 마음을 가집니다. 가령 친구들 사이에서 자기가 원하는 대로 되지 않거나, 어려운 상황에 처하더라도 웃으며 넘기거나 유연하게 대처합니다. '그래, 그럴 수도 있지'라고 생각하며 마음에 담아 두지 않고 긍정적인 사고로 대처합니다.

세 번째 특징은 역지사지(易地思之), 즉 다른 사람과 나의 입장을 바꿔 생각해서 타인의 마음을 헤아리는 능력이 우수합니다. 아이들은 자기중심적인 성향이 강합니다. 그래서 자기의 감정과 생각이 앞섭니다. 다른 사람의 마음을 헤아리는 능력이 낮은 친구들은 상대방의 기분이나 감정과 상관없이 말이나 행동을 함부로 하기도 합니다. 예를 들어 축구 시합에서 골을 넣고 승리했을 때, 보통은 자기가 얼마나 기분이 좋은지 흥분해서 자랑하며 이야기하곤 합니다. 어떤 친구들은 상대편 팀을 비웃듯이 너희 팀은 졌고 우리 팀은 이겼다고 놀리듯 이야기하지요. 하지만 역지사지의 능력이 뛰어난 친구들은 다릅니다. "오늘 진짜 재미있었어. 상대편이 잘하니까 아슬아슬해서 더 흥미진진한 것 같아", "너 수비 정말 잘하더라. 진짜 공을 다 막아서 못 넣을 뻔 했어. 다음에는 같은 편 하자"와 같이 상대방이 축구 시합에서 져서 속상한 마음을 헤아리며, 위로하고 격려해주려는 마음을 가진 아이들을 보면 누구나 함께하고 싶어 합니다.

어떻게 하면 자존감 높은 아이로 키울 수 있을까?

이런 성품은 하루아침에 생기는 것은 아닙니다. 부모님이 인내심을 가지고 아이가 성인이 될 때까지 좋은 성품을 갖도록 도와주셔야 합니다. 이때 책 읽기는 좋은 도구가 되어 줍니다. 무엇을 잘해서, 칭찬받을 만해서 사랑받는 것이 아니라 존재 자체로 소중하고 귀하다는 것을 말해주세요. 《언제까지나 너를 사랑해》, 《괜찮아》, 《너는 특별하단다》 같은 책은 아이가 자존감을 느낄 수 있도록 도와줍니다.

"너는 참 소중한 존재야, 잘하지 못하더라도 괜찮아. 엄마가 잘하도록 뒤에서 도와줄게. 엄마는 널 사랑해."
"실패하더라도 겁먹지 마. 아빠가 뒤에서 항상 응원하고 있을게. 너를 항상 응원해."

회복 탄력성을 높이는 비법, 감사 일기

회복 탄력성을 키우는 데 좋은 방법 중 하나는 감사 일기를 쓰는 것입니다. 학교에서 반 아이들과 학습 일기를 쓰는데, 맨 마지막 줄은 하루에 있었던 일 중 감사한 일을 쓰도록 합니다. 감사한 일이 없다고 하면 꼬투리라도 잡아서 감사해보라고 권합니다.

'오늘 풋살에서 졌지만 재미있게 해서 감사합니다. 그리고 아이스크림 먹게 해주셔서 감사합니다.'

'오늘 아침에 8시 30분까지 늦잠 자서 속상했지만, 지각은 안 해서 감사합니다.'

'언니가 기분 나쁘게 이야기해서 짜증냈지만, 화내지 않을 수 있어서 감사합니다.'

아이들이 쓴 감사 일기 내용들입니다. 이렇게 감사 일기를 쓰다 보면, 마음이 행복해집니다. 불평하던 마음이 사라지고 긍정적이고 활기찬 마음이 스며듭니다. 또한 문제를 어떻게 해결하면 좋을지 창의적이고 재미있는 아이디어들도 떠오르게 되지요. 감사할 것이 없다고요? 그럴 때는 꼬투리를 잡아서 감사해보면 됩니다. 특히 감사하지 못할 일, 나를 힘들게 하는 일, 화나게 하는 일에 꼬투리를 잡아서 억지로 감사를 하다 보면, '그래도 이런 좋은 점은 있네', '그래도 이런 건 다행이다' 하는 생각도 들게 됩니다. 그러다 보면 어느새 실패한 일 속에서도 다시 일어날 수 있는 새로운 힘이 솟기도 합니다. 또 거절당해서 상처받은 마음속에 '그럴 수도 있지' 하고 위로가 되기도 합니다.

역지사지, 사람의 마음을 얻는 마법의 열쇠

다른 사람의 마음을 어떻게 헤아릴 수 있을까요? 이러한 능력은 안타깝게도 나이를 먹는다고 저절로 생기는 능력은 아닌 것 같습니다. 저도 성공하는 경험만 할 때는 다른 사람의 마음이 어떨지 보이지 않았는데, 수많은 좌절과 실패를 경험하고 나서야 보이는 것들이 생겼습니다. 그제서야 낙담한 사람의 마음과 상처받은 사람의 감정이 헤아려지기 시작한 것이죠. 아이들은 어떨까요? 아이들은 자신의 마음 상태가 어떠한지조차 잘 모르는 경우가 많습니다. 자기보다 성숙한 성인과의 대화를 통해 헤아림을 받고 자기의 내면에 대해 깨달아 갑니다. 부모님이 마음을 헤아려줄 때 '아, 내 마음이 이랬구나' 하고 생각하며 자기 감정을 자기의 언어로 깨닫습니다. 또 누군가 자기 마음을 알아주는 것만으로도 시원해합니다. 부모님이 자신의 감정을 읽어주고, 마음이 어떠한지 민감하게 헤아려주며, 이야기해주는 경험이 많이 필요합니다.

자신의 마음을 헤아리고 다른 사람의 마음을 이해하는 능력을 키우기 위해 부모님과 함께 책을 읽는 것은 좋은 방법입니다. 함께 책을 읽으며 등장인물의 감정을 통해 이러한 연습들을 수없이 해볼 수 있습니다. 《엄마는 동생만 예뻐해》는 둘째 동생이 생겨서 힘든 언니의 마음을 대변해주는 책입니다. 이 책의 내용 중에 언니가 동생을 갖다 버릴까? 팔아버릴까? 생각하는 장면이 나옵니다. 이 장면을 보며 7살이었던 저희 첫째 딸은 손뼉을 치며 깔깔대며 웃었습니다. 연년생 터울의 여동생 때문에 속 앓이하는 자신의 마음이 등장인물에게 투영되어 그런 것이겠지요. 평소에 동생과 큰 싸움 없이 잘 지내고, 동생에게 양보도 잘하고 무난하게 지낸다고 생각했던 터라 그런 큰 딸의 모습을 보며 속으로 흠칫 놀랐습니다. '아 동생 때문에 많이 참아왔구나, 힘들었겠다' 하는 생각이 들었습니다.

"이 언니, 동생이 정말 얄미웠겠다. 동생이 나쁘네. 언니 것인데 이렇게 망가뜨리면 되나."
"엄마가 동생만 안고 있어서 언니 마음이 많이 속상했겠다."
"엄마가 잘못했네. 엄마가 이렇게 동생 편만 들면 안 되지."

책을 읽어주며 책 속 등장인물의 마음을 헤아려주는 말을 했습니다. 그런 등장인물의 마음에 동감하는 딸에게 위로해주고 격려해주고 싶었습니다. 딸은 자기 일인 양 신이 나서 "엄마 이것 봐. 동생이 이렇게 나쁘게 했어. 정말 화났겠지?" 하고 여러 장면을 되돌려가며 동생의 잘못을 지적해줬습니다.

"그래, 그래", "맞아, 맞아", "안 되지, 그럼. 나쁘네" 이렇게 책 속에서 등장인물의 마음을 헤아리는 동안 딸의 표정은 한 없이 밝고 너그러워졌습니다.

책을 통해 등장인물의 마음을 헤아리고, 또 자신의 마음 또한 헤아림 받는 경험을 하는 것은 매우 중요합니다. 이런 연습을 수없이 많이 한 아이들은 자연스럽게 친구들이나 가족들의 마음도 생각해보고 이해할 수 있는 여유가 생기기 시작합니다. 책을 통해 등장인물의 마음이 어떨지 생각해보고 헤아려주세요. 또 같은 어려움을 겪고 있는 아이의 마음을 헤아려주세요. 이렇게 성장한 아이는 다른 사람과의 관계에서 더욱 성숙하고 사랑받는 아이로 성장할 수 있습니다.

5장

아이가 놀아달라고 하는 것이 귀찮고 힘들다면

"아이에게 뭘 해줘야 하는데, 매일 퇴근하고 집에 오면 이미 지쳐있어요. 아이에게 좋은 음식을 해줘야 하는데, 매일 냉장고에서 미리 해놓은 반찬에 밥을 주니 잘 안 먹어서 속상해요. 그렇게 밥 먹이는 동안 씨름하고, 치우고, 설거지하고 나면 뻗어버려요. 아이는 놀아달라고 하는데 너무 피곤해요. 그래서 안 되는 줄 알면서도 영상을 틀어줘요."

저에게 상담 신청을 한 학부모님의 이야기를 듣고 나니 마음이 저릿해져 왔습니다. 정도의 차이는 있겠지만 대부분의 부모님들이 이러한 마음일 것입니다. 매일 일어나 아이들을 유치원으로, 학교로 갈 준비시키고, 아이들을 등교시키고 나면 회사로 출근하는 버스에 몸을 싣고 출발하지요. 회사에 도착할 때쯤 이미 반쯤 지쳐있지만, 그래도 아이들을 생각하며 하루를 힘차게 시작해봅니다. 회사에서 정신없이 일하다 보면 어느새 퇴근 시간. 그러나 이제 또 다시 육아로 출근합니다. 저 또한 워킹 맘으로 두 자녀를 키우면서 동일한 고민을 하며 지나오고 있기에 이 세상에 일하며 자녀를 양육하시는 워킹맘, 워킹대디분들의 마음에 동감하고 있습니다.

세상에서 가장 소중한 내 아이를 위해 집안일 위임하기

일하시느라 지쳐서 책 읽어주기 힘드신 부모님들, 부모님들이 일도 육아도 가사도 다 잘할 수 있다면 매우 좋겠지만 부모님들의 시간과 체력에는 한계가 있습니다. 그렇다면 중요한 우선순위부터 하고 덜 중요한 것은 위임해보시면 어떨까요? 가사 일과 자녀의 교육 중 모두 중요하지만 집안일에 지쳐서 책 읽어주기가 어려운 부모님들이라면 집안일은 집안 경제 형편이 가능한 선에서 위임하는 방법을 찾아보는 것도 좋은 대안이 될 수 있습니다.

가사 도우미 서비스를 이용하면 집안일의 부담을 줄일 수 있습니다. 업체의 도움을 받아 집안을 가끔 깨끗하게 청소하는 것도 효과가 좋습니다. 요즘 가사 도우미 어플은 1회권 또는 시간 별로 다양하게 선택할 수 있게 되어 있습니다. 또 일부 지자체에서는 가사 도우미 서비스를 무료로 지원하는 프로그램을 운영하기도 하므로 거주 지역의 복지 서비스에 문의해보는 것도 좋은 방법입니다.

또 식기 세척기, 로봇 청소기, 건조기는 3대 이모님이라고 불리는 가전제품이지요. 이러한 기기들은 가사노동 시간을 절약해주는데, 이렇게 절약된 시간에 부모님들이 아이들에게 책을 읽어주시기를 추천해드립니다. 저도 식기 세척기를 구입한 이후 30분의 저녁 시간이 더 생겼습니다. 그래서 설거지할 시간에 그 에너지로 아이들에게 책을 읽어주기 시작했습니다. 제가 아이들에게 책을 가장 많이 또 재미있게 읽어주는 날은 언제일까요? 바로 외식하고 온 날입니다. 그날은 엄마의 힘이 남아돌기 때문에 아이들에게 자발적으로 책을 재미있게 읽어줄 수 있습니다. 집안일을 위임하는 것에 너무 죄책감을 갖지 마세요. 또 비용 때문에 고민하시는 분들이라면 내 아이의 책 읽기에 비용을 투자하세요. 이렇게 가사일을 효과적으로 위임하면 부모님들은 아이들과의 독서 시간을 확보할 수 있습니다. 여유 있는 시간을 활용해서 아이들과 함께 소중한 독서 시간을 가지시기 바랍니다.

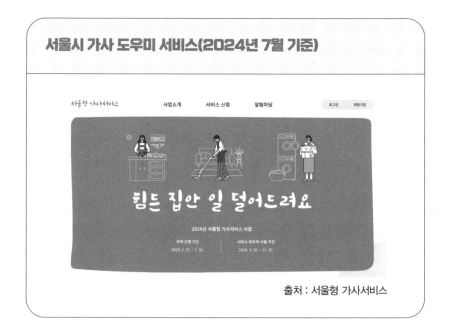

출처 : 서울형 가사서비스

- 신청 자격 :
맞벌이 가정, 임산부 또는 12세 이하 자녀가 있는 가정, 장애인이 있는 가정, 저소득 가정

- 제공 서비스 :
- 청소, 세탁, 요리 지원
- 육아 지원
- 고령 가족 구성원 돌봄 지원

- 신청 방법 :
서울특별시 공식 웹사이트나 서울복지포털 방문

이와 같은 프로그램들은 각 지역 주민들이 가사 업무를 효율적으로 하며, 생활의 질을 향상시킬 수 있도록 마련되었습니다. 자세한 정보와 신청 방법은 각 지역의 지방자치단체 웹사이트를 참고하시기 바랍니다.

세이펜 사용법

또 하나의 대안은 세이펜입니다. 세이펜은 연필 모양으로 생긴 스마트 기기입니다. 스마트폰으로 책을 읽어주는 어플, 사이트도 많이 있습니다. 하지만 저는 스마트폰을 들고 있다 보면 익숙하게 스마트폰만 보고, 그 영상 말고도 다른 것도 찾아보게 되어 좋지 않더라고요. 그래서 찾게 된 것이 세이펜입니다. 세이펜은 부모님들이 아이들에게 책을 읽어줄 시간이 부족할 때 아주 유용한 도구입니다. 세이펜은 어린아이들이 책을 읽는 습관을 기르고, 부모님이 직접 읽어주지 못할 때 대신해줄 수 있는 스

마트한 방법입니다. 세이펜 사용이 익숙해지면, 아이들은 혼자서도 책을 잘 읽을 수 있게 됩니다. 그러나 부모님이 가능한 시간에는 함께 책을 읽어주시는 것이 더욱 좋습니다.

세이펜 사용법

출처 : 세이펜

1. 세이펜 구입 및 세팅
- 세이펜은 여러 종류가 있으며, 각 세이펜은 특정 출판사의 책과 호환됩니다. 세이펜을 구입할 때, 미리 어떤 책들이 세이펜과 호환되는지 확인하세요.
- 세이펜을 구입한 후, 세이펜에 해당 출판사의 음성 파일을 다운로드해야 합니다. 이는 보통 세이펜 전용 사이트나 출판사에서 제공하는 자료실을 통해 가능합니다.

2. 세이펜 사용 준비
- 음성 파일이 다운로드된 세이펜을 책에 가져다 대면, 그 페이지에 해당하는 내용이 음성으로 재생됩니다.
- 아이들에게 직접 세이펜 사용법을 알려주고, 손쉽게 책을 따라 읽을 수 있도록 도와주세요. 세이펜의 책 읽기 기능은 아이들의 책 읽기 능력 향상에 도움이 됩니다.

6장

매일 밤 나를 위한 보상으로
미디어에 중독되어 있다면

"아이가 잠들고 나면 하루의 피곤이 몰려와요. 드디어 내 시간이 생겼다는 생각에 기쁜 마음이 들어요. 하루 종일 일하고 육아하느라 힘든 나를 위해 보상해주고 싶은 마음에 야식도 시켜 먹고 싶고, 좋아하는 영화나 드라마도 보며 시간을 보내고 싶어져요. 그 중에 릴스, 쇼츠를 보면 한두 시간이 금세 가요. 10초씩인데 넘기다 보면 시간 가는 줄 모르고 새벽까지 보게 돼요."

부모님들, 아이들 키우느라 많이 힘드시죠? 아이가 참 예쁜 것도 맞는데, 키우면서 체력적으로 또 감정적으로 힘든 부분이 많은 것도 사실입니다. 여러 가지 회사 일과 집안일, 또 아이들과 투닥거리며 하루를 보내고 난 후에 아이가 잠들면 온 세상이 다 잠든 것처럼 조용합니다. 그때는 하루 종일 애쓴 나에게 달콤한 보상을 해주고 싶지요. 저도 별반 다르지

1부. 엄마의 약점, 책 읽기가 채워준다

않았습니다. 저도 그럴 때면 영화도 한 편 보고 싶고, 요즘 유행하는 드라마도 보고 싶고, 10초 동안 나를 웃게 해줄 웃긴 동영상을 찾아 헤매기도 했습니다. 그런데 그렇게 실컷 보고 나면 잠들면서 '나는 쓰레기야. 이렇게 동영상을 보며 시간을 허비하다니' 이런 자괴감이 들어 잠들 때 기분이 썩 좋지 않더라고요.

잠들기 전, 나를 위한 달콤한 보상

잠들어 있을 동안 내 뇌는 무엇을 하고 있을까요? 놀랍게도 내가 자는 동안에도 나의 뇌는 계속해서 일하고 있습니다. 수면은 크게 렘(REM) 수면과 비렘(non-REM) 수면으로 나뉩니다. 렘수면은 우리가 꿈을 꾸는 단계로, 이 시기에 뇌의 활동은 깨어 있을 때와 비슷한 수준으로 활발해집니다. 이 단계에서 뇌는 하루 동안 받아들인 정보를 다시 재현하고, 이를 장기 기억으로 전환하는 역할을 합니다. 반면, 비렘 수면 동안에는 뇌가 하루의 피로를 풀고 몸을 회복하는 데 주력합니다. 이러한 수면 과정에서 '잠들기 직전에 본 것'은 매우 중요한 역할을 합니다. 연구에 따르면, 잠들기 직전에 학습하거나 경험한 정보는 뇌가 수면 중에 반복해서 처리하며, 이 과정에서 해당 정보가 장기 기억으로 저장될 확률이 높아집니다. 만약 잠들기 전에 긍정적이고 유익한 정보를 접한다면, 뇌는 이를 더 깊이 이해하고 기억하려는 경향이 있습니다. 반대로, 자극적이거나 불안한 내용을 접하면, 그 내용이 꿈속에서 재현될 수 있으며, 이는 수면의 질을 저하시킬 수 있습니다. 예를 들어, 명상이나 책 읽기와 같은 평온한 활동은 숙면에 도움이 되는 반면, 자극적인 영상 콘텐츠는 수면의 질을 방해할 수 있습니다. 미국의 유명한 발명가이자 기업가인 벤자민 프랭클린(Benjamin Franklin)은 "잠들기 전의 마지막 생각이 내일의 첫 생각이 된다"라고 말했습니다. 이는 잠들기 전의 습관이 얼마나 중요한지를 시사하는 명언입니다. 또한 뇌과학자 매튜 워커(Matthew Walker)는 그의 책 《Why We Sleep》에서 '수면은 뇌의 기억 시스템을 강화하고, 학습된 내용을 깊이 있게 내재화하는 시간'이라고 강조했습니다.

나를 위한 보상으로 책 읽고 글 쓰는 것을 해보세요.

잠들기 전 시간을 어떻게 보내고 계신가요? 저는 '더 이상 이렇게 살수 없다'라는 생각이 들어 새벽에 책상에 앉았습니다. '난 정말 어떤 삶을 살고 싶을까?', '내가 진짜 원하는 게 뭘까?' 생각하기 시작했습니다. '뭘해야 내 삶을 후회 없이 보낼 수 있을까?', '아이들이 성인이 되어 내 품을 떠난 후에 나는 무엇을 하고 있을까?', '죽을 때가 되어 내 삶을 돌아보면 잘 살았다고 이야기할 수 있을까?' 그렇게 생각하다 보니 꼬리에 꼬리를 물면서 하고 싶은 것들이 생각나기 시작했습니다. 그래서 죽기 전에 꼭하고 싶은 나만의 버킷리스트를 써보기 시작했습니다. 나의 버킷리스트를 수행할 타임 그래프를 그려보기도 했고요. 만다라트도 작성해보기 시작했습니다.

'그래, 나는 이걸 하고 싶어' 하고 마음이 어느 정도 정해진 뒤에는 관심 있는 분야에 대한 책을 찾아보고, 또 그 분야에 대한 정보를 찾아보기도 했습니다. 그렇게 정보를 찾아보며 지금 당장은 눈에 보이는 것이 없지만, 10년 후, 20년 후에 나에게 펼쳐질 멋진 일들을 생각하며 잠들기 전의 시간이 전보다 알차지기 시작했습니다. 그리고 그 결과물 중 하나로 이렇게 책을 쓰고 있기도 하고요.

〈만다라트〉

밀가루음식 절제	하루 물2리터 마시기	거북목 목 스트레칭	예루살렘 가기	미국 그랜드캐년가기	그리스 실제로 탐방	미라클 모닝 6시	매일 아침 긍정의 말 선포 훈련	토요일 스터디 미리 준비
일어나자 마자 물한잔	건강한 몸 건강 유지	식사 때 야채 챙겨먹기	유럽가서 축구보기	여행	부모님 모시고 해외여행가기	매일 감사일기 쓰기	좋은 습관	가정예배
커피 대신 차마시기	퇴근 후 30분 운동하기	5km마라톤 참가하기	이집트 방문 피라미드	오스트리아 빈 음악회 가기	가족들과 등산하기	멘토 그룹 스터디 책 미리 읽기	위클리 짜고 월말 평가시간 갖기	매월 잊지 말고 후원금 보내기
독서 인증제 시행	학생 기자단 돕기	교육 소식지만들기	건강한 몸 건강 유지	여행	좋은 습관	안돼는 한번만 단호하게	남편 권위를 인정하고 존경하기	유머러스하게 말하기
국어 연구회 모임	미래 교육의 기틀을 세우는 사람	고학년 고전 문학 (학습지만들기)	미래 교육의 기틀을 세우는 사람	선한영향력을 끼치는 사람	좋은 아내 존경받는 엄마	남편에게 감사를 표현하기	좋은 아내 좋은 엄마	아이들 혼자기전에 설명하기
학부모교육 독서지도 강의하기	방과후 스마트폰 없는 문화 만들기 (6학년)	어린이 도서관 관리	자기일에 근실한 사람	선한 부자 재물 관리	좋은 직장동료 같이 일하고 싶은 사람	책 읽어주기	아이들 자기전 축복 기도 해주기	마음에 동감하는 엄마되기
EBS 문해력 교재 집필	고전 문학 수업에 관한 자료 수집	논술 자료 글쓰기	지출액 줄이고 ***만원 저축하기	매일 **이상 쓰지 않기	가계부 작성하기	동료교사 생일 챙기기	회의 때 창조적이고 발전적인 제안	권위에 좋은 마음으로 순종하기
매일 자기전 글 쓰기	자기일에 근실한 사람	sns에 수업 자료 쌓기	아이들 청약 통장 만들기	선한 부자 재물 관리	신용카드 대신 현금/체크카드 사용하기	간식 섭기기	좋은 직장동료 같이 일하고 싶은 사람	시간 잘 지키기
책 출판하기	유튜브 개설 영상 올리기	초등 문해력 외부 강의하기	남편 일 집중하도록 서포트하기	경제 기사 구독하기	매월 ** 후원금 보내기	국어 과목에서 도움일 찾아보기	학교에 청소 필요한것 한가지씩 하기	다른 분 업무에 감사 표현하기

출처 : 저자 제공

잠들기 전 15분씩만 내가 원하는 삶을 위해 미리 계획하고 준비해보세요. 자신이 정말 원하는 것이 무엇인지 생각해보고 머릿속에 그려보세요. 그렇게 꿈꾸는 미래가 현실이 되기 위한 첫 걸음은 나보다 먼저 선배가 된 분들을 찾아가는 것입니다. 주변에 아는 지인이 많지 않다고요? 괜찮습니다. 내가 발전시키고 싶은 분야에서 나보다 앞선 분들의 삶을 책을 통해 만나볼 수 있습니다. 자신의 경험담, 실패담, 시행착오가 담긴 이야기를 책으로 전달하고 있기에 책을 통해 만나서 교제할 수 있습니다. 예를 들어, 켈리 최(Kelly Choi)의 《웰씽킹》이나 김미경의 《언니의 독설》과 같은 책들은 힘든 삶을 극복하고 새로운 도전에 나선 이야기를 담고 있어, 당신에게도 큰 용기와 힘을 줄 수 있습니다. 40대는 삶의 중요한 전환점입니다. 이 시기에 지나온 시간을 돌아보고, 앞으로의 인생을 어떻게 살아갈지 계획해야 합니다. 책은 우리가 이런 고민에 대한 답을 찾는 데 큰 도움을 줍니다. 예를 들어, 《그릿》이나 《원씽》과 같은 책들은 자신을 되돌아보고, 삶의 목표를 설정하며, 이를 실천해 나가는 데 큰 동기부여가 될 수 있습니다. 또 《아주 작은 반복의 힘》은 이런 목표들을 이루기 위해 작은 습관의 변화가 삶에 얼마나 큰 변화를 가져올 수 있는지를 보여줍니다. 이러한 책들을 통해 우리는 목표를 세우고 작은 일이라도 꾸준히 실천하는 것이 얼마나 중요한지를 깨달을 수 있으며, 이를 통해 우리의 일상도 더욱 활기차게 바뀔 수 있습니다. 매일 반복되는 일상에서 벗어나 진정한 나를 찾고 싶다면, 그리고 더 나은 미래를 꿈꾸고 있다면 책을 읽어보세요. 책은 부모님들에게도 새로운 기회와 도전을 제공합니다. 또한 책을 통해 얻은 지혜는 단순히 지식이 아니라, 나를 변화시키는 힘이 되어줄지도 모릅니다. 오늘부터 하루에 15분씩 책을 읽는 습관을 가져보세요. 삶에 의미를 찾는 중요한 열쇠를 발견할 수 있습니다.

Tip. 30~40대 부모님들께 추천하는 책

	제목	저자	출판사	내용
1	그릿(GRIT)	앤절라 더크워스	비즈니스북스	이 책은 성공의 핵심 요소로서 '그릿(끈기와 열정)'을 강조합니다. 부모님들이 어떤 상황에서도 포기하지 않고 계속 도전하는 힘을 기르도록 영감을 줍니다.
2	원씽 (The One Thing)	게리 켈러, 제이 파파산	비즈니스북스	이 책은 한 가지 중요한 목표에 집중하는 것이 어떻게 성공으로 이어질 수 있는지를 설명합니다. 부모님들이 인생의 우선순위를 다시 정립하고 도전하는 데 큰 도움이 됩니다.
3	타이탄의 도구들	팀 페리스	토네이도	저자는 성공한 인물들의 습관과 전략을 모아 이 책에 담았습니다. 이 책은 부모님들이 자신을 리셋하고 성공적인 삶을 설계하는 데 큰 도움이 될 것입니다.
4	웰씽킹 (Wealthinking)	켈리 최	다산북스	저자는 40대에 글로벌 사업가로 성공한 대표적인 사례입니다. 이 책은 그녀가 어떻게 실패를 극복하고 성공을 이뤄냈는지에 대한 이야기와 함께, 웰씽킹(Well-Being Thinking)의 중요성을 강조합니다.
5	일독	이지성	차이정원	독서를 통해 어떻게 인생을 변화시킬 수 있는지를 이야기합니다. 바쁜 부모님들에게도 쉽게 적용할 수 있는 독서 방법을 제공합니다.
6	김미경의 마흔 수업	김미경	다산북스	김미경은 40대에 성공한 또 다른 여성 롤모델입니다. 이 책은 그녀가 40대를 어떻게 성장하며 보내야 할지 고민하는 사람들을 응원하는 생각을 담고 있어 중년의 부모님들에게 큰 힘이 될 것입니다.
7	마인드셋 (Mindset)	캐롤 드웩	스몰빅라이프	인간의 사고방식을 '고정형 마인드셋'과 '성장형 마인드셋'으로 구분하며, 성장형 마인드셋을 채택함으로써 도전을 기회로 받아들이고 지속적인 발전을 이룰 수 있음을 알려줍니다.

	제목	저자	출판사	내용
8	미라클 모닝 (The Miracle Morning)	할 엘로드	한빛비즈	아이들을 키우느라 시간이 없는 부모님들께 아침 시간을 추천합니다. 이 책에서는 성공한 사람들의 공통된 습관인 이른 아침 시간 활용법을 소개하며, 이를 통해 삶의 모든 영역에서 변화를 이끌어낼 수 있음을 주장합니다.
9	아주 작은 반복의 힘	로버트 마우어	스몰빅미디어	커다란 목표가 아니더라도 매일의 작은 습관의 변화가 삶에 얼마나 큰 변화를 가져올 수 있는지를 보여줍니다.

7장

내가 잘하고 있는 것일까,
죄책감이 든다면

"아이 키우는 게 이렇게 어려운지 몰랐어요. 도대체 아이를 어떻게 키워야 할지 고민이 많이 들어요."

"직장 다니면서 잘 못 챙겨줘서 항상 미안한 마음이에요. 이것도 해주고, 저것도 해주고 싶은데 아이를 내버려두고 직장에 가는 게 엄마로써 죄책감이 들 때가 있어요."

어떤 부모들은 늘 아이에게 미안합니다. '더 많은 시간 함께해주지 못해서', '더 다정하게 이야기해주지 못해서', '더 넉넉하게 챙겨주지 못해서' 이처럼 자신의 모든 것을 내어주고도 더 내어주지 못해 미안한 마음을 갖는 존재는 부모밖에 없을 것입니다. 하지만 저는 이러한 마음이 있는 부모라면 아이가 잘 자라고 있는 것이라고 격려합니다. 오히려 '내가 이렇게까지 해줬는데, 너는 왜 이정도 밖에 못하니?', '내가 너에게 안 해준게 뭐가 있어!', '내가 너에게 어떻게 해줬는데!'라는 마음으로 가득한 부모님들일 경우 아이들의 마음을 모를 가능성이 더 높습니다.

아이가 잘하도록 도와주고 싶은데 어떻게, 어디서부터 도와줘야 할지 모르시는 부모님들, 직장일 하시느라 너무 바쁘셔서 아이와 함께할 시간이 부족한 워킹대디, 워킹맘분들, 공부를 도와주고 싶어도 어디서부터 손대야 할지 몰라서 나서기 어려운 부모님들, 또 일하러 간 자녀들 대신 손주들을 돌보시느라 힘드신 조부모님들 등 여러 상황 가운데서 아이들을 최선을 다해 양육하기 위해 힘쓰시는 부모님들을 응원하며, 격려하고 싶습니다. 지금까지도 너무 수고하셨고 잘해주셨습니다. 무엇을 해줘서가 아니라 부모라는 자리를 지키고 함께해주시는 것 자체가 큰 역할이기 때문입니다.

내 아이를 위한 자녀양육서

"사랑은 배울 수 있는 기술이다. 그리고 이 기술을 연마하면, 우리는 더 나은 부모가 될 수 있다."

— 톨스토이(Tolstoy)

그래도 아이에게 무엇인가 더 해주고 싶고, 도와주고 싶은 부모님들에게는 자녀 양육과 관련된 책을 읽어보시도록 권합니다. 우리가 어떤 일을 지속할 수 있는 이유는 그것에 관련된 확실한 '철학'과 '확신'이 있기 때문입니다. 때로는 내가 원하는 목표에 도달하기까지 실패할 수도 있고, 시행착오를 거칠 수도 있습니다. 하지만 그것에 대한 확고한 생각과 개념이 장착되어 있다면, 어려운 상황과 난관에 부딪혀도 그 상황 속에서 이뤄낼 나만의 방법을 찾아냅니다. 자녀양육서에 나온 내용이 꼭 정답이 아닐 수 있습니다. 아이들마다 모두 다르기 때문입니다. 100명의 아이들을 만나면 100가지 색이 다 다릅니다. 그렇기 때문에 아이를 키우면서 잘 양육할 수 있는 일관된 비법이나 지름길은 없는 것 같습니다. 그럼에도 불구하고 자녀양육서를 읽는 이유는 그 책에서 얻을 수 있는 지혜가 있기 때문입니다. 그 지혜의 핵심 원리를 잘 이해하고 체득한 후에는 우리 아이의 여러 상황에 맞게 조금씩 수정해서 적용해볼 수 있습니다. 어떤 책은 통째로 적용해서 매번 꺼내보고 내 삶에 녹여내고 싶은 책도 있을 수 있겠지요. 그러나 어떤 책들은 한 권을 처음부터 끝까지 정독하지 않으셔도 됩니다. 이 책에서는 이런 내용을 적용해보고, 저 책에서는 저런 내용을 적용해보고, 이렇게 책마다 조금씩 정보를 수집하고 벤치마킹하셔도 좋습니다. 내 아이에게 가장 적합한 양육을 하기 위해 여러 지혜자들을 모셔놓고 이런 저런 조언을 들어보는 것이지요. 그리고 가장 좋은 방법을 고르고 골라, 지속적으로 시도해보는 것입니다. 책을 읽으며 다양한 상황에 적용할 수 있는 지혜와 실질적인 조언을 얻을 수 있으며, 이를 통해 부모님들은 자신만의 양육 철학을 정립하고 확신을 가질 수 있습니다.

	제목	저자	출판사	내용
1	내 아이를 위한 감정코칭	최성애, 조벽, 존 가트맨	해냄	이 책은 감정을 이해하고 표현하는 법을 배우는 것이 아이의 사회적 성장과 더 행복한 삶을 살 수 있도록 돕는 방법임을 제시합니다.
2	정서적 흙수저와 정서적 금수저	최성애, 조벽	해냄	부모와의 안정적인 애착이 아이의 전 생애에 걸쳐 '정서'와 '관계 맺음'에 깊은 영향을 미친다는 것을 알려줍니다.
3	따뜻하고 단단한 훈육	이임숙	카시오페아	상처 주지 않고 따뜻하게 훈육할 수 있는 실질적인 조언을 제공하며, 다양한 상황마다 적절히 훈육할 수 있는 말을 안내합니다.
4	샬롯메이슨의 살아있는 교육	샬롯 메이슨	꿈을 이루는 사람들	이 책은 부모가 자녀에게 가정교육하는 방법에 대한 가이드를 제공합니다. 자녀의 자발적인 학습과 도덕적 성장을 강조하며, 일관된 사랑과 관심을 기반으로 하는 양육법을 소개합니다.
5	마음을 다루면 자녀의 미래가 달라진다	테드 트립	디모데	이 책은 자녀의 행동이 아니라, 동기가 무엇인지 살피고 분별할 수 있도록 돕는 실제적인 노하우를 전해줍니다.
6	칼 비테의 자녀교육법	칼 비테	베이직북스	미숙아로 태어난 자신의 아들을 영재로 키워낸 칼 비테의 책은 자녀교육의 최고 경전으로 불리며 많은 사람에게 사랑받는 책입니다.
7	복수당하는 부모들	전성수	베다니	이 책은 뇌과학에 기반해 자녀 교육에 과학적으로 접근해서 부모가 복수당하지 않고 존경받으며 자녀를 키울 수 있는 길을 안내합니다.
8	부모와 십대 사이	하임G. 기너트	양철북	부모와 십대 자녀가 서로의 생각을 나누고 존중, 배려하며 살아가는 방법에 대해 이야기합니다.

8장

옆집 아이는 똑똑한데
우리 아이는 불안하다면

"벌써 다른 아이들은 영어도 잘하고 수학도 선행을 한다는데, 우리 아이는 아직 그 단계에서 한참 뒤쳐져 있는 것 같아 걱정이에요."

"제가 집에서 도와주려고 해도 너무 하기 힘들어서 저도 같이 지쳐요. 학교에서 잘 따라가지 못해서 주눅들까봐 염려돼요."

학교에서 상담을 하다 보면 학부모님들 중 이런 고민을 가지신 분들이 계십니다. 특히 12월생 남학생을 자녀로 둔 학부모님이라면 이런 고민을 한 번쯤 해보셨을 것 같습니다. 아이들은 꽃과 나무의 색과 크기가 다 다르듯 저마다 다 다릅니다. 한 명 한 명 가지고 있는 능력과 잠재력의 색깔과 크기가 다릅니다. 17년째 아이들을 가르치며 함께하고 있지만 이 일에 베테랑이 없다고 여기는 이유는 아이들이 다 다르기에 날마다 새롭기 때문입니다. 같은 해에 태어났기 때문에 한 학년으로 뭉쳐 있는 것일 뿐 능력과 수준은 절대 동일하지 않습니다. 이런 아이들이 같은 수준으로 같은 내용을 배우는 것은 어쩌면 기적 같은 일일지도 모릅니다.

아이가 잘하는 것이 다 다릅니다.

아이들의 능력과 잠재력은 저마다 다릅니다. 아이들을 실제로 가르쳐 보면 개구쟁이인 줄 알았는데, 보이는 것과 달리 진지한 면이 있어서 놀랄 때도 있고, 모범생인 줄 알았는데, 보기와는 다르게 거친 모습이 있어서 놀랄 때도 있습니다. 예를 들어 이해력도 부족하고, 수업 시간에 집중하지 못하며, 엉뚱한 이야기만 하는 학생인데, 글을 쓴 것을 보면 기발하고 재미있는 내용으로 풀어내기도 합니다. 이런 학생의 글을 보면 아이의 참신한 생각에 기함을 토하며 웃음이 나고, 계속 읽고 싶은 마음이 들기도 합니다. 또 어떤 학생은 공부는 정말 잘하지만 운동은 잘 못해서 밖에서 놀기 싫어하기도 합니다. 반대로 공부는 잘 못하지만 사회적 능력이 뛰어나서 친구들을 잘 배려하고 독려하는 사회적 지능이 높은 학생들도 있습니다. 우리는 흔히 지적 능력과 학교에서 보이는 학업 수준만으로 아이들을 평가하는 경우가 많습니다. 하지만 자세히 들여다보면 아이들은 각자 고유한 강점을 가지고 있으며, 다양한 잠재력을 지니고 있습니다.

최숙희 작가의 책 《괜찮아》는 이런 메시지를 담고 있습니다. 책에서 여러 동물들이 자신의 단점을 이야기하지만, 그 뒤에는 '괜찮아, 너에게는 이런 장점이 있으니까'라는 긍정적인 메시지가 이어집니다. 이렇게 아이들에게도 단점이 있지만 분명 그것을 뛰어넘는 장점도 가지고 있습니다. 부모님들도 자녀가 자신의 장점을 발견하고 그 부분을 발전시킬 수 있도록 도와줘야 합니다. 자녀가 가지고 있는 단점은 무엇인가요? 아이가 이런 단점 때문에 염려되고 고민한다면 '괜찮아' 하고 이야기해주세요. 그리고 아이의 장점이 무엇인지 발견해서 이야기해주세요. 아이는 자신에게 있는 장점을 뿌듯해하고 자랑스러워하게 됩니다. 이렇게 생긴 자신감으로 다른 영역들도 자신 있게 도전해볼 수 있도록 도와주세요.

머리가 트이는 시기는 다 다릅니다.

'○○이는 한글을 3~4살 때 다 떼었다는데…'

'○○이는 벌써 영어로 글을 쓸 수 있다던데…'

'○○이는 지금 수학 선행학습으로 이런 것까지 하고 있다던데…'

아이들을 대하다 보면 분명 지능이 높은 아이가 있습니다. 또 말과 글을 터득하는 시기가 유난히 빨라서 초기 입문기에 뛰어난 결과를 보이는 학생들이 있습니다. 하지만 초기 입문기에 남들보다 빠르다고 해서 꼭 끝까지 좋은 학습 결과로 이어지는 것도 아닙니다. 반대로 남들보다 조금 늦는다고 해서 고학년까지 낮은 성적을 보이는 것도 아닙니다. 꽃마다 꽃을 피우는 시기가 다르듯, 아이들마다 공부 머리가 트이는 시기가 다릅니다. 지능이 높으면 확실히 유리하겠지만 그것만 믿고 게을리 한다면 좋은 결과로 이어지기 어렵습니다. 반대로 지금 남들보다 낮은 결과를 보인다고 해서 좌절할 필요도 전혀 없습니다. 하지만 꼭 해주셔야 할 것이 있습니다.

책 읽기라는 물을 매일 부어주세요.

아이들이 자라도록 매일 책 읽기라는 물을 매일 부어주세요. 가진 잠재력들을 꽃피우고 열매 맺기까지 성실하게 매일 물을 부어주세요. 제가 가르쳤던 한 2학년 아이는 남들보다 한참 느렸습니다. 다른 아이들이 2학년 때 문장으로 된 글을 쓸 때 한글도 더듬더듬 읽었습니다. 다른 아이들이 문장으로 자기 생각을 표현할 때 글씨를 보고도 제대로 따라 쓰지 못해서 부모님 걱정이 이만저만이 아니셨습니다. 저와 상담하며 어머니의 이런 마음을 알아드리고, 또 이 아이가 가진 잠재력에 대해서 말씀드렸습니다. 그리고 그 잠재력이 꽃피우기까지 매일 책을 읽어주시고, 부족한 부분 때문에 위축되지 않도록 매일 조금씩 도와주시도록 부탁드렸습니다. 놀랍게도 그 뒤로 아이가 달라지기 시작했습니다. 선생님이 책을 읽을 때 집중하며 듣기 시작하더니 듣는 눈빛도 달라졌습니다. 선생님이 말하는 내용을 잘 들으니, 대답하는 횟수도 점점 늘어났습니다. 듣고 이해하는 것, 생각하는 것과 발표하는 횟수가 점점 많아지면서 자신감이 생기기 시작했습니다. 남들과 비교하지 않고 자신의 수준에 맞게 차근차근 공부하면서 나도 잘할 수 있다는 마음이 생긴 것이지요. 아이들에게 잘 자라도록 물을 부어주시면 언젠가 열매 맺는 날이 옵니다. 더디더라도 조급함을 갖지 말고 매일 꾸준히, 성실하게 책을 읽어주세요.

2부

⋮

리딩레이스를 위한
최적의 환경 만들기

1장

책 읽기는 마음으로 시작하는 행복한 관계

책 읽기는 단순히 지식을 전달하는 것을 넘어, 부모와 자녀 간의 깊은 유대감을 형성하고 아이의 정서적, 심리적 발달에 중요한 역할을 합니다. 이러한 책 읽기를 통해 형성된 관계는 아이의 성장과 함께 부모의 사랑을 깊이 느낄 수 있는 중요한 경험이 됩니다.

관계를 위한 책 읽기

제가 아팠던 어느 날, 남편이 저에게 책을 읽어준 적이 있습니다. 낮은 목소리로 책을 읽어주는 그의 모습이 참 따뜻하게 느껴졌습니다. 책을 읽어주는 것이 얼마나 시간과 에너지를 요구하는지 알기 때문에 듣고 있는 것이 다소 미안했지만, 읽어주니 좋았습니다. 그리고 이 시간이 좋아서 남편이 책 읽어주는 시간이 빨리 끝나지 않았으면 좋겠다고 생각했습니다. 그런데 시간이 지나면서 남편이 책을 빨리 읽기 시작했습니다. '아 빨리 읽고 끝내고 싶구나' 하는 마음이 전해졌습니다. 마음이 급해지니 내용에 집중이 잘 안되었습니다. 그 순간, 저 역시 딸에게 책 읽기를 빨리 끝내고 싶어 서둘러 읽어주는 모습이 생각났습니다. 딸이 "엄마책 빨리 읽지마"라고 말했을 때 '빨리 읽어서 내용이 안 들리는 것이 아니었구나. 내가 빨리 책 읽기를 끝내고 싶은 마음이 전해져서 불안했구나. 우리 딸은 내가 책 읽어주는 시간이 끝나지 않았으면 좋겠다고 여길 만큼 행복했구나' 하고 깨달았습니다. 이렇듯 책 읽기는 단순히 책의 내용을 전달하는 것을 넘어서 아이에게 사랑과 관심을 전하는 중요한 시간이 됩니다.

책 읽기는 사랑입니다

미국의 저널리스트이자 작가인 안나 퀸들렌(Anna Quindlen)은 "아이들은 당신이 하는 말을 기억하지 않을 수도 있지만, 당신이 그들에게 준 사랑은 평생 기억할 것입니다"라는 말을 남겼습니다. 이 말처럼 부모가 아이에게 전하는 사랑은 말보다 행동을 통해 깊이 전달됩니다. 책 읽기는 단순한 이야기 시간이 아니라, 부모가 자녀에게 오롯이 시간을 내어주고, 그 시간 동안 자녀에게 집중하는 귀중한 경험입니다. 집에 오면 식사 준비도 해야 하고, 집안일도 해야 하고, 직장에서 마치지 못한 일도 마무리해야 하고, 할 일이 많지만 책 읽는 동안에는 아이에게 집중하게 됩니다. '아이는 부모의 시간을 먹고 자란다'라는 말이 있지요. 엄마 아빠의 시간을 먹고 자라는 아이는 자기에게 오롯이 할애해주는 이 시간 자체가 소중합니다. 또한 책을 읽어주는 시간 동안 아이는 부모의 목소리를 통해 따뜻한 감정을 느낍니다. 부모의 목소리와 읽어주는 태도에서 사랑을 느끼고, 이 사랑이 자녀의 마음속에 깊이 새겨집니다. 이렇듯 책 읽기는 부모와 자녀 간의 사랑을 깊이 나누는 시간이자, 자녀의 정서적 안정감을 높이는 중요한 시간이 됩니다.

따스함으로 기억되는 책 읽기

책 읽기에는 엄마 아빠의 따뜻한 입김의 에너지가 들어있습니다. 사실 엄마인 저도 책을 몇 권 읽어주고 나면 진이 빠집니다. 한 권 다 읽었는데, 한 권이 눈앞에 또 쌓여있으면 몇 권 남았는지 자꾸 세어보게 됩니다. 또 책을 읽어주다가 조는 경우도 있습니다. 아이가 글씨를 모를 때는 그냥 넘어갔는데, 글씨를 알고 나니 내용이 이상하다며 저를 깨우기도 합니다. 그만큼 책 읽기는 부모의 시간뿐 아니라 체력도 요구합니다. 책을 읽어주려면 평소에 운동 좀 해야겠다는 생각이 들 만큼, 체력이 없으면 책 읽어주는 것도 즐겁지 않습니다. 아이에게 책을 읽어준다는 것은 부모로서의 헌신을 필요로 합니다. 하루의 피로가 쌓인 저녁에 책을 읽어주는 것은 쉽지 않은 일입니다. 그러나 이 시간은 부모와 아이 모두에게 큰 의미가 있습니다. 부모가 자신의 피 같은 시간과 에너지를 들여 자녀에게 책을 읽어주는 것은 자녀에게는 무엇과도 바꿀 수 없는 소중한 추억이 됩니다. 그래서 책 읽기는 사랑입니다. 저희 둘째 딸은 "책 읽어주세요" 하고 책을 가져올 때면 꼭 제 무릎 위에 앉습니다. 엄마 무릎 위에 앉아서 두 팔로 감싸 폭 안긴 채로 책을 읽는 것을 좋아합니다. 이렇듯 아이에게 책을 읽어주는 시간을 통해 부모는 자녀에게 사랑을 표현하고, 자녀는 부모의 사랑을 온전히 받아들일 수 있습니다. 책 읽기는 부모와 자녀가 서로에게 집중할 수 있는 소중한 시간이자, 사랑을 나누는 중요한 시간이 됩니다. 부모님들께서는 오늘도 아이에게 책을 읽어주며 그 사랑을 전해주세요. 이 시간은 아이에게 평생 따뜻함으로 기억될 것입니다.

2장

책에 거부감이 있는 아이는
어떻게 해야 하나요?

"우리 아이는 책 보는 것도 싫어하고 제가 읽어주겠다고 해도 싫어해
요. 이렇게 책에 거부감이 있는 아이는 어떻게 해야 하나요?"

책 읽기에 거부감을 보이는 아이들은 대부분 책 읽는 것을 어려운 일
이나 지루한 활동으로 여깁니다. 부모로서 이러한 아이들에게 책의 세계
를 열어주는 것은 중요한 과제입니다. 아이들이 책을 즐길 수 있도록 하
는 방법은 무엇일까요?

책은 무조건 재미있어야 한다

아이들에게 처음 책을 소개할 때는 무엇보다도 '재미'의 요소가 중요
합니다. 아이들은 즐겁지 않으면 책을 선택하지 않습니다. 그러므로 처

음부터 교훈적이거나 내용이 어려운 책을 강요하기보다는 아이들이 웃고 즐길 수 있는 책을 선택하는 것이 좋습니다. 어른들이 보기에는 '이게 무슨 내용이야?' 하는 책도 아이들은 깔깔거리고 웃으며 좋아합니다. 빌 코터의 《절대로 누르면 안 돼》라는 책을 보면, 책에 있는 커다란 버튼을 누를 때마다 괴물의 모습이 바뀝니다. 아이들이 직접 손으로 책에 있는 버튼 그림을 누르고 페이지를 넘길 때마다 변하는 모습을 보며 재미있어합니다. 교훈적인 내용도, 기승전결의 스토리도 없는 것 같지만 아이들은 재미있는 책을 좋아합니다. 《EQ의 천재들》 같은 책은 여러 가지 감정을 다루면서도 재미있는 요소를 담고 있어 아이들이 자연스럽게 감정을 이해하도록 도와줍니다. 이 책을 보면 '결말이 뭐지?', '뭘 이야기하는 거지?', '교훈적인 내용은 어디 있지?' 하는 생각이 듭니다. 어른들이 보기에는 썩 볼만한 줄거리가 없는 것 같지만 아이들은 자신이 상상 속에서 겪는 일들을 책에서 보며 재미있어합니다. 책을 처음 접하는 아이들일수록 이런 재미있고 유쾌한 경험은 꼭 필요합니다. 아이들이 책 속에 빠져들게 하는 첫걸음은 책이 재미있어야 한다는 점을 잊지 마세요.

책을 스스로 고르는 재미

도서관에 넓은 책장 앞에 서서 무슨 책을 읽을지 고를 때 설레는 느낌을 느껴보신 적이 있으신가요? 아이들이 스스로 책을 고를 때 책에 대한 기대감과 흥미를 갖게 됩니다. 자신이 골라온 책을 엄마가 재미있게 읽어준다면 책에 대한 기대감이 더 높아집니다. 아이와 함께 도서관에 방문해보세요. 그리고 어떤 책이든 재미있게 읽어주세요. 끝까지 읽지 못하더라도 괜찮습니다. 부모님이 고른 책이 좋은 책일 수는 있지만 아이들 입장에서는 듣기 싫은 따분한 내용일 수도 있습니다. 책에 대한 친밀감이 적은 아이일수록 책에 대한 거부감을 없애고 친해지도록 하는 것이 먼저입니다. 아이의 수준보다 약간 낮은 수준의 책도 괜찮습니다. 아이들이 책을 스스로 고르는 설렘을 누리도록 기회를 주세요.

책을 놀잇감으로 재미있게 놀아요

책에 거부감이 있는 아이라면 책을 이용한 놀이를 해보는 것도 추천합니다. 책에 대한 좋지 않은 경험이나 선입견이 있는 아이들에게 책을 놀잇감으로 주며 책과 친밀함을 쌓을 수 있습니다. 아이들은 놀이를 통해 책을 덜 위협적으로 여기며 편안한 분위기에서 새로운 단어나 내용을 접할 수 있습니다. 다음에서는 책을 활용한 놀이를 소개합니다.

책 퍼즐 만들기

책의 표지나 중요 장면을 프린트합니다. 이것을 아이들에게 다양한 조각의 모양으로 자르도록 합니다. 그리고 책의 원본을 보고 이 조각들을 퍼즐로 조립하는 놀이입니다. 아이들은 책에 나온 그림과 책에 단어를 유심히 살펴보고 인지하며 눈과 손의 협응 능력을 향상하게 됩니다.

책 속 그림 찾기

책 속에서 특정 단어나 그림을 찾아보는 놀이입니다. 책 내용 중 특정 물건이나 동물을 지칭해서 1분 안에 찾아보게 하는 것입니다. 예를 들면 '사자와 학이 나온 페이지 찾기' 또는 '어떤 사람이 땅속에 무엇을 묻으려고 앉아있는 뒷모습이 나온 페이지 찾기' 또는 책 속에 특정한 상황을 묘사한 후에 묘사한 장면을 찾아보게 할 수도 있습니다. 이 놀이를 통해서 아이들의 관찰력과 주의 집중력이 향상됩니다.

책 속 단어 빙고 놀이

책 속에서 특정 단어를 찾아 빙고판에 적는 놀이입니다. 가령 "10쪽에

〈2글자로 된 단어로 빙고 놀이하기〉

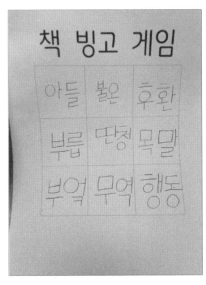
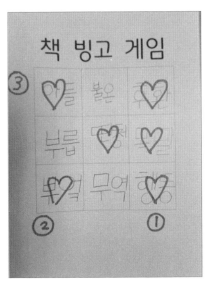

출처 : 저자 제공

서 2글자로 이루어진 단어를 찾아 빙고판에 적어보자"와 같이 정해줄 수 있습니다. 이는 아이들의 어휘력을 향상시키고, 책 읽기에 대한 흥미를 끌어올립니다.

책 속 아이템 찾기

책 속에서 나온 아이템을 집에서 비슷한 물건으로 찾아보는 놀이입니다. 책 속 그림에 나오는 아이템이나 소품, 물건과 동일한 모양을 먼저 찾는 사람이 이기는 게임입니다. 시간을 정해놓고 '○○○를 시간 안에 먼저 찾아오기'와 같은 게임을 할 수 있습니다. 예를 들면《나니아 연대기 : 사자와 마녀와 옷장》을 보고 그 속에 나오는 아이템 찾아오기를 할 수 있습니다. '주인공들이 산타에게 받은 선물과 비슷한 물건을 집에서 찾아보기'를 한다면 피터의 검, 수잔의 뿔나팔, 루시의 물약, 단검 등을 찾아볼 수 있습니다. 또 '등장인물들이 사용했던 아이템과 비슷한 물건 찾아오기'를 하며 하얀 마녀의 왕관과 지팡이, 툼누스의 목도리 등도 찾아볼 수 있습니다. 책 속에 나오는 물건 등을 생활 속에서 찾아보며, 이를 이용해서 아이들과 짧은 역할극도 해볼 수 있습니다. 이러한 활동을 통해 아이들은 책 속 이야기를 현실 세계와 연결하는 경험을 할 수 있습니다.

〈아이들이 집에서 찾아온 책 속 아이템〉

출처 : 저자 제공

3장

유혹에 강한 아이는 없다

"우리 아이는 학교에 갔다 오면 TV부터 켜요. 뭐 재미있는 것 안 하나 채널을 돌리며 좋아하는 만화를 보고 싶어 해요. 하루 종일 공부하느라 지쳤겠거니 하고 짠한 마음에 조금 보게 하다보면 '한 개만 더, 한 개만 더' 하다가 시간이 훌쩍 지나가버려요."

아이가 책을 보기 싫어한다고 하면 제일 먼저 "집에 TV가 있나요?", "하루에 동영상 시청 시간은 얼마나 되나요?", "하교 후에 아이는 무엇을 하고 노나요?"라고 묻습니다. 아이들은 주어진 환경의 영향을 많이 받습니다. TV가 무조건 나쁘다는 것은 아니지만, 거실에 커다란 TV가 놓여져 있다면 책 대신 TV를 켜서 보게 되는 것이 자연스럽습니다. 저녁 시간에 TV를 시청하며 시간을 보내는 부모님 옆에서 같이 TV를 시청하는 것이 자연스러운 일과가 됩니다. 또 항상 스마트폰을 쥐고 동영상을 보는 부모님이라면, 옆에서 같은 동영상을 보며 시간을 보내고 싶어 하는 마음이 듭니다. 유혹에 강한 아이는 없습니다. TV나 스마트폰이 항상 옆에 있다면, 책보다 손이 먼저 가는 것은 아이의 잘못이 아닙니다. 아이가 책을 손에 쥐게 하기 위해서는 다음 3가지 조건이 필요합니다.

물리적 환경 조성

아이가 책을 읽게 하기 위해서는 늘 책을 읽을 수 있도록 환경을 만들어주는 것이 중요합니다. 아이가 읽고 싶은 책이 늘 손에 잡히고 눈에 밟히는 가까운 거리에 풍부하게 채워져 있는 것이 좋습니다. 저희 집은 TV장이 있어야 할 자리에 벽면 가득 책장을 설치했습니다. 그리고 거실 가운데에 테이블을 놓고, 언제든지 책을 꺼내서 읽거나 거실에서 공부할 수 있도록 배치했습니다. 아이들이 주기적으로 새 책에 관심을 갖도록 한 달에 한 번씩은 전집 대여 서비스를 통해서 책을 교체해줍니다. 아이들이 꼭 읽었으면 좋겠다고 생각하는 책은 전면이 보이는 책장 칸에 따로 두고 호기심을 갖도록 눈에 잘 보이게 배치해서 손쉽게 빼서 읽게 합니다. 아이들의 수준보다 한 단계 높은 수준의 책을 준비해두시는 것도 좋습니다. 유혹이 될 만한 것은 최대한 배제하고, 아이들이 책을 잘 읽을 수 있도록 배치를 바꾸어 보세요.

〈거실 책장 사진〉

출처 : 저자 제공

정서적 환경 조성

부모님이 늘 TV를 보시거나 스마트폰을 손에서 놓지 않는데 아이가 책 읽기를 바라는 것은 지나친 욕심입니다. 아이들은 부모님의 조언대로 크는 것이 아니라 부모님의 뒷모습을 보고 자랍니다. 때문에 부모님에게서 본 그대로를 따라하고 닮아가게 됩니다. 따라서 아이가 책을 좋아하게 만들려면 부모님이 먼저 책을 가까이 하는 모습을 자주 보는 것이 제일 좋습니다. 또 시간을 정해놓고 아이에게 책을 읽어주는 시간을 갖는 것을 추천해드립니다. 책을 읽을 때 부모님과 함께 하는 따뜻한 경험이 있는 아이라면 책 읽기를 좋아하게 될 것입니다. 엄마 품에 안겨서 재미있게 책을 읽는 것은 아이에게도 소중한 순간이 됩니다. 부모님과 함께 스킨십을 하며 따뜻한 분위기에서 책을 읽은 경험이 있는 아이들은 책 읽는 시간을 기다리게 됩니다.

습관을 만드는 환경 조성

빌 게이츠(Bill Gates)는 "내 아이에게 줄 수 있는 가장 큰 선물은 독서하는 습관이다"라고 말했다고 합니다. 이처럼 아이가 집에 오면 책을 읽는 좋은 습관을 갖도록 돕는 것은 매우 중요합니다. 아이가 저녁에 집에 오면 하고 싶은 일이 많습니다. 게임도 하고 싶고, 만들기도 하고 싶고, 동영상도 보고 싶습니다. 하지만 아이에게 "중요한 것부터 하자"라고 말하며 우선순위를 두고 먼저 해야 할 일이 무엇인지 물어봅니다. 그러면 아이는 해야 할 일이 무엇인지 떠올리며 중요한 일 순서대로 읊어봅니다. 아이가 중요하게 해야 하는 루틴 가운데 책 읽기도 있습니다. 아직 혼자서 숙제하거나 학습하기는 어려운 나이이기 때문에 공부하는 테이블에 같이 앉습니다. 숙제하면서 모르는 것이나 어려운 것은 같이 도와주기도 하고, 격려해주기도 합니다. 그리고 나서 책 읽기 시간이 되면 제일 먼저 엄마의 '책 읽어주기'가 시작됩니다. 엄마가 책을 소리 내어 읽어주면 아이들이 집중해서 듣습니다. 그런 다음 아이들이 읽고 싶은 책을 꺼냅니다. 엄마가 읽어줬던 책을 다시 한번 읽고 싶어 하기도 하고, 새로운 책을 읽고 싶어 하기도 합니다. 중요한 것은 아이가 스스로 책을 읽는 습관을 가질 때까지 부모님이 시간을 정해서 함께 책을 읽는 것입니다. 혼자 읽으라고 하면 아이들은 아직 어려서 혼자 해내기가 어렵습니다. 부모님이 함께 러닝메이트가 되어 좋은 습관을 함께 만드는 데 동참해주시는 것이 가장 좋습니다.

4장

밥상머리 교육이
중요한 이유

"우리 아이는 밥 먹을 때 가만히 있지를 못해요. 그래서 식당에서 밥을 먹을 때 동영상을 틀어줘야 집중해서 밥을 먹어요. 동영상을 보면서는 그나마 앞에 있는 밥도 먹고, 조용히 먹을 수 있어서 안 좋은 줄 알면서도 동영상을 틀어주게 돼요."

밥상머리 교육이 중요한 이유

식당에 가면 가족 모두가 스마트폰을 보며 서로 대화 없이 식사하는 경우를 보게 됩니다. 음식이 나오기를 기다리는 동안 스마트폰을 보며 기다리기도 하고, 식사하는 중에 영상을 틀어주기도 합니다. 또 어린 자녀들이 식사를 빨리 끝내는 경우가 많기에, 어른들이 식사하는 동안 아이들이 영상을 보며 기다리기도 하지요. 하지만 식사 시간은 가족과 소통하며 정서적 유대를 쌓는 중요한 시간입니다. 밥상머리 교육이 중요한 이유는 단순히 예절을 가르치는 것을 넘어, 아이의 전반적인 인격 성장과 정서 발달에 큰 영향을 미치기 때문입니다.

정서적 안정과 공감 능력이 향상되는 밥상머리 교육

하루 중에 아이들과 가장 깊은 대화를 할 수 있는 때는 언제인가요? 아침에는 등교시키느라 "숙제랑 준비물 잘 챙겼니?", "이 닦았니?", "오늘도 잘하고 와" 하며 인사하고 보내기에 바쁩니다. 또 저녁에는 어느새 잘 시간이 되어 "이제 자야지", "빨리 누워라" 하고 아이들을 늦지 않게 재우기에 여념이 없지요. 저녁 식사 시간은 가족들이 다 같이 한자리에 모여서 대화할 수 있는 가장 좋은 시간입니다. 하루 중에 있었던 일을 이야기하기도 하고, 서로 힘들었던 일을 나누며 격려하고 위로합니다. 또 좋은 소식이 있으면 서로 축하하고 기뻐하지요. 별일 없다고 해도 가족끼리는 아주 사소하고 작은 감정들도 좋은 이야깃거리가 됩니다.

아이들은 갈등이 생겼을 때 자신이 당하는 정서적 어려움에 대해 이야기하는 것을 어려워합니다. 예를 들어 '친구와 같이 경쟁을 하는 게임에서 자신이 져서 기분이 나쁜데 친구가 놀리듯이 자랑할 경우' 이 불편한 감정이 무엇인지 잘 인지하고 설명하는 것을 어려워합니다. 이것이 화가 나는 것인지, 슬픈 것인지, 당황스러운 것인지, 질투가 나는 것인지, 속상한 것인지, 미운 것인지, 원망스러운 것인지, 위축되는 것인지 자신의 감정과 마음을 잘 모릅니다. 뭔가 마음은 불편한데 해결되지 않으니 평소와 다른 행동을 합니다. 문을 닫고 어두운 곳에 들어간다든지, 속상한 마음을 잊기 위해 스마트폰 영상에 몰두한다든지, 동생에게 갑자기 화를 내고 때린다든지, 엄마에게 말대꾸하며 반항하는 모습 등이 있습니다. 엄마는 '얘가 갑자기 왜 이래'라고 생각하며 문제 행동에 대해서만 꾸중하거나 혼내기도 합니다. 그러면 아이는 자기의 원래 문제는 해결 받지 못한 채, 혼이 나니 더 악순환으로 상황이 나빠지게 되지요. 학교에서 아이들이 이런 문제 행동을 보일 때, 왜 그랬는지 물어보면 자신도 왜 그랬는지 모르는 경우가 많습니다. 꼬리를 물고 생각하다 보면 원인이 되는 사건을 발견하게 됩니다. 그때 "너의 마음이 이 일로 인해 속상했겠구나. 정말 화가 났겠다", "더 잘하고 싶었는데 잘 안 되서 원망스러웠겠구나" 하고 감정을 읽어주고 알려주는 것이 필요합니다. 아이는 그제서야 자신의 마음과 감정에 대해 인지합니다. '아, 내가 이런 마음이었구나' 하고 감정에 대해 인지하기 시작한 아이들에게 그 감정에 공감해주고 어떻게 해결하면 좋을지 이야기하는 것은 매우 중요합니다. "나도 어릴 때 그랬어. 동생이랑 오목을 두다가 3번 연속으로 져서 다시는 오목하고 싶지 않더라. 그리고 동생이 누나를 이겼다고 자랑하며 놀리는데 너무 속상했어. 그래도 동생에게 잘 배우니 오목을 잘하게 돼서 다른 친구들에게 인정받으니 좋더라" 하며 감정에 공감해주는 이야기를 합니다. 이렇게 이해받은 아이는 한결 마음이 편해지며 해결책까지 생각할 수 있는 여유가 생기게 됩니다. 그럴 때 성숙한 행동과 결정에 대해서 같이 생각해보면 좋습니다. 이러한 이야기들이 밥상머리에서 이뤄질 때가 많기에 놓치지 않으셨으면 좋겠습니다.

어휘력과 표현력이 향상되는 밥상머리 교육

"엄마, ○○이 뭐야?"

"○○이 무슨 뜻이야?"

아이들은 부모와의 대화 속에서 끊임없이 질문합니다. 때로는 질문 좀 그만했으면 좋겠다는 생각이 들 정도로 끊임없이 질문합니다. 부모와의 대화를 통해서, 부모의 대화를 들으며 아이들은 일상에서 접하지 못했던 단어와 표현을 배우는 기회가 됩니다. 또한 부모가 사용하는 다양한 어휘와 문장 구조를 자연스럽게 학습하게 됩니다. 부모로부터 높은 수준의 언어 자극을 받게 되는 것이지요. 부모와 상호작용하는 횟수가 많은 아이일수록 말을 듣고 읽고 이해하는 능력이 뛰어납니다. 또한 보이지 않는 감정과 상황까지도 연결해서 내재적 의미를 파악하는 능력에도 영향을 미칩니다. 대화 속에서 모르는 단어를 알게 되기 때문에 문맥 속에서 단어를 유추해내는 능력도 발달합니다. 따라서 부모님과 아이가 대화하는 횟수가 늘어날수록 아이의 언어능력은 향상됩니다. 아이의 어휘력을 늘리고 싶다면 아이와 대화 시간을 늘리는 것이 가장 효과적입니다.

사랑받는 법을 가르칠 수 있는 밥상머리 교육

밥상머리 교육은 아이가 예절을 배우고, 사회성을 발달시키는 중요한 시간이기도 합니다. 예로부터 어른들은 밥상머리에서부터 가정교육이 시작된다고 할 만큼 식사 시간에 배우는 예절을 중요하게 여겼습니다. '어른이 숟가락을 드시기 전에는 기다려야 한다', '식사 중에 소리 내지 않고 먹어야 한다', '어른이 식사를 마치시기 전까지 눕거나 자리를 떠나서는 안 된다' 등 모두 사회적 규범을 배우는 과정입니다. 이런 예절 교육은 아이가 사회생활에서 타인을 존중하고 배려하는 태도를 기를 수 있도록 돕습니다. 영국의 철학자인 에드먼드 버크(Edmund Burke)는 "식탁에서의 예절은 단순히 식사하는 방법을 넘어서, 타인에 대한 존중을 나타내는 중요한 행위이다"라는 말을 남겼습니다. 먹고 싶고, 눕고 싶고, 자기 마음대로 하고 싶은 본능을 거슬러 다른 사람을 배려하고 절제하는 것은 아이들이 성장하면서 익혀야 할 중요한 예절입니다. 밥상머리는 먹고 싶은 욕구를 절제하며 다른 사람을 존중하는 법을 배울 수 있는 아주 좋은 시간입니다. 이렇게 밥상머리에서 잘 배운 아이들은 다른 곳에서도 예절 바르게 행동해서 어딜 가나 칭찬받고 사랑받을 수밖에 없습니다. 예절은 다른 사람을 존중하는 생각이 손과 발로 나오는 행동입니다. 기본 예절을 습득하는 것은 단번에 되지 않습니다. 밥상머리에서 배려하고, 예절을 지키는 모습을 몸소 보여주세요. 아이들은 부모님과 함께하며 더욱 성장해 나갈 것입니다.

5장

아이를 혼자
도서관에 보내지 마라

도서관에서 아이들의 책 선택

도서관에 가면 종종 혼자 온 아이들을 보게 됩니다. 혼자서 책을 읽는 모습이 참 기특해 보이지만, 가까이 다가가면 열에 아홉은 만화책이나 학습 만화를 읽고 있는 모습을 볼 수 있습니다. 아이들이 흥미를 느끼는 책을 먼저 손에 잡는 것은 자연스러운 일이지만, 이것이 매번 만화책이나 가벼운 책에 그친다면 독서의 깊이와 폭이 한정될 수 있습니다.

도서관에는 다양한 주제와 깊이의 책들이 많습니다. 이는 마치 슈퍼마켓에서 여러 가지 음식 재료를 고르는 것과 비슷합니다. 부모님들은 건강에 좋은 재료들을 고르겠지만, 아이들은 단맛이 강한 사탕이나 젤리를 집어 들고 싶어 하겠지요. 이처럼 아이들이 혼자서 도서관에서 책을 고르도록 내버려두면, 책도 '편식'하는 결과를 초래할 수 있습니다. 그렇기 때문에 아이들이 다양한 주제와 깊이를 갖춘 책들을 고르게 읽을 수 있도록 부모님이 가이드 역할을 해주는 것이 중요합니다.

책을 고르게 읽을 수 있는 십진분류법 활용

십진분류법은 도서관에서 자료를 체계적으로 분류하고 정리하기 위해 사용하는 시스템입니다. 이 분류법은 책이나 기타 자료를 10개의 주요 범주로 나누고, 각 범주는 다시 세분화해서 더 구체적인 주제로 나누는 방식으로 구성되어 있습니다. 장대식 작가의《십진분류 독서법》은 독서를 효율적으로 하고, 체계적으로 지식을 습득할 수 있는 방법을 제시하는 책입니다. 이 책은 도서관에서 사용하는 십진분류법을 독서에 적용해서 다양한 주제의 책을 균형 있게 읽도록 돕는 독서법을 설명합니다. 이 방법을 활용하면 특정 분야에 치우치지 않고, 다양한 분야의 책을 골고루 읽을 수 있습니다. 이를 통해 아이들은 여러 분야에 대한 지식을 쌓아, 폭넓은 사고와 깊이 있는 이해를 할 수 있습니다. 또 다양한 분야의 책을 읽음으로써 독서의 재미와 흥미를 유지할 수 있습니다.

십진분류 독서법의 실천 방법

1. **목표 설정** : 각 대분류에서 최소한 한 권 이상의 책을 읽겠다는 목표를 설정합니다. 예를 들어, 매월 하나의 대분류를 선택해서 책을 읽는 계획을 세울 수 있습니다.

2. **책 선택** : 각 분류에서 자신이 흥미를 느끼거나 필요로 하는 책을 선택합니다. 책을 선택할 때는 아이의 관심사와 함께 그동안 접해 보지 않았던 새로운 주제를 고려하는 것이 좋습니다.

3. **독서 계획** : 매달 또는 매주 읽을 책을 계획합니다. 예를 들어, 한 달에 한 대분류씩 돌아가며 읽는 방법이 있습니다. 10개월 동안 모든 대분류의 책을 읽을 수 있습니다.

4. **독서 기록** : 읽은 책을 기록하고, 각 책에서 배운 점이나 느낀 점을 정리합니다. 독서 기록은 아이들이 자신이 읽은 내용을 정리하고 되새기는 데 효과적입니다.

5. **토론 및 공유** : 읽은 책에 대해 다른 사람들과 토론하거나, 독서 모임에 참여해서 의견을 나눕니다. 이를 통해 아이들은 자신의 생각을 표현하고, 다른 사람의 의견을 듣고 이해하는 능력을 키울 수 있습니다.

매달 한 가지 분류의 책을 읽는 계획을 세웁니다. 이를 통해 아이는 특정 분야에만 집중하지 않고, 다양한 분야의 지식을 균형 있게 쌓을 수 있습니다. 예를 들어, 3월에는 총류에 관한 책을, 4월에는 철학 관련 책을 읽는 식입니다. 이러한 방식으로 한 해 동안 10개의 다양한 주제에 대해 폭넓게 독서를 진행할 수 있습니다.

월	분류	추천도서
3월	총류(000) 백과사전, 신문 등 일반적인 정보 자료	《지구가 100명의 마을이라면》, 데이비드 J.스미스, 푸른숲주니어 《국립중앙박물관에는 어떤 보물이 있을까》, 이상한, 토토북 《어린이를 위한 세계 지도책》, 신지혜, 아이세움
4월	철학(100) 철학, 심리학, 도덕과 윤리 등 인간 사고와 관련된 주제	《초등학생이 알아야 할 철학》, 조던악포자로, 레이첼퍼스, 미나 레이시, 어스본 《존아저씨의 꿈의 목록》, 존 고다드, 글담어린이 《아들아, 세상을 살아가는 삶의 지혜를 배우렴》, 필립 체스터필 드, 글고은
5월	종교(200) 불교, 기독교, 이슬람교 등 다양한 종교와 종교철학에 대한 서적	《나의 첫 그리스 신화1~3》, 도나 조 나폴리, 조선북스 《부처님이 된 왕자》, 헤더 산체, 담앤북스 《성경 이야기》, 유영소, 아이즐
6월	사회과학(300) 사회, 법, 정치, 교육, 경제 등 사회 구조와 관련된 주제	《10대를 위한 정의란 무엇인가》, 마이클 샌델, 아이세움 《내가 처음 만난 대한민국 헌법》, 이향숙, 을파소 《세계를 움직이는 국제기구》, 박동석, 봄볕
7월	자연과학(400) 수학, 물리학, 천문학, 생명과학, 동물학, 식물학 등	《어린이를 위한 과학 개념어 100》, 강다현, 김현벽, 이케이북 《배추흰나비 알 100개는 어디로 갔을까》, 권혁도, 길벗어린이 《물에서 생명이 태어났어요》, 게리베일리, 매직사이언스
8월	기술과학(500) 건축학, 전기공학, 기계공학의 첨단과학 분야와 농학, 생활 과학의 일상생활 과학 분야 등	《어린이를 위한 명랑한 세계 의학 여행》, 최현석, 토토북 《미세 먼지, 어디까지 알고 있니?》, 신현정, 토토북 《공학은 세상을 어떻게 바꾸었을까》, 황진규, 어린이나무생각
9월	예술(600) 미술, 음악, 스포츠 등 예술에 관련된 주제	《한눈에 반한 세계 미술관》, 장세현, 사계절 《간송 미술관에는 어떤 보물이 있을까》, 김민규, 토토북 《초등 교과서가 들려주는 한국 명화, 세계 명화》, 장세현, 학산 문화사
10월	언어(700) 한국어, 중국어, 일본어, 영어, 독일어, 프랑스어 등	《초등 어휘의 달인이 되는 사자성어》, 문정옥, 휴이넘 《초등 필수 영어동화》, 이은영, 조선북스 《어린이 중국어 1교시》, 김안나, 다락원
11월	문학(800) 한국문학, 영미문학, 소설, 시, 드라마 등 문학 작품	《꽃들에게 희망을》, 트리나 폴러스, 시공주니어 《헨쇼 선생님께》, 비벌리 클리어리, 보림 《나무 위의 아이들》, 구드룬 파우제방, 비룡소

12월	역사(900) 세계사, 한국사, 역사, 지리 등 각 국가들의 역사나 위인, 지리의 과거와 공간에 대한 이야기	《세계 역사이야기 1~5》, 수잔 와이즈 바우어, 꼬마이실 《한국사 편지 1~5》, 박은봉, 책과함께어린이 《세상에서 가장 유명한 위인들의 편지》, 오주영, 채우리

※ 활용 팁 : 새 학기가 시작하는 3월을 기준으로 했습니다. 1, 2월에는 다양한 분야 중에서 특별히
   더 보고 싶은 주제를 깊이 있게 탐독해봐도 좋을 것 같습니다.

프랑스의 철학자 데카르트(Descartes)는 "읽지 않은 책은 펴보지 않은 보물이다"라고 말했습니다. 십진분류법을 활용한 독서는 평소에 알지 못했던 분야에 관심을 갖게 되어 잠재력을 발견할 수 있습니다. 이는 아이들에게 폭넓은 지식과 균형 잡힌 사고력을 길러주는 좋은 방법입니다. 한 달에 한 번씩 십진분류법에 따라 책을 선택하고 읽어 나가는 과정은 아이들이 다양한 분야에 흥미를 느끼고, 체계적으로 지식을 쌓을 수 있도록 도와줍니다. 아이들은 이러한 독서법을 통해 평소에 관심이 없어서 보지 않았던 분야에서도 성장할 수 있는 좋은 보물을 발견하게 될 것입니다.

6장

그림책만 읽는 아이는
어떻게 해야 하나요?

아이들이 가장 먼저 접하는 책은 바로 그림책입니다. 그림책에는 글자뿐 아니라 그림이 함께 있어 글자를 모르는 어린아이들도 그림을 통해 얻을 수 있는 정보가 많습니다. 등장인물의 표정이나 생김새, 동작이나 주변 환경을 통해서 어느 정도 내용을 파악하는 것이 가능합니다. 어린 아이들이 글자 외에 이런 비언어적인 요소 등을 통해 책을 이해하는 것은 중요합니다. 실제로 어른들은 책을 폈을 때 제일 먼저 글씨가 눈에 들어오지만 아이들은 그림을 먼저 읽는 경우가 많습니다. 책 속 그림에서 보이지 않는 미묘한 변화를 찾아내기도 하고, 단서를 찾아내기도 합니다. 그림을 보며 위기감을 느끼기도 하고, 문제가 해결된 것에 안도감을 느끼기도 합니다. 따라서 아이들은 글자를 통해 내용이 해석되지 않더라도 그림을 통해 많은 정보를 얻을 수 있는 그림책을 보며 안정감을 느낍니다.

하지만 더 높은 수준으로 책을 읽을 수 있음에도 불구하고 계속해서 그림책만 고집하는 아이를 보면 도와주고 싶은 마음이 들지요. 아이가 충분히 그림책을 통해 문해력을 높였다면, 다음 단계로 올라갈 수 있도록 서서히 책의 수준을 높여줘야 합니다. 어휘와 문장의 수준을 높이지 않으면 문해력은 저절로 높아지지 않기 때문입니다. 줄탁동시(啐啄同時)라는 말이 있지요. 병아리가 알을 깨고 나오기 위해서는 안쪽에서 새끼가 쪼는 것과 동시에 바깥에서 어미닭이 쪼아야 한다는 뜻입니다. 이처럼 아이가 독서의 다음 단계로 나아갈 수 있도록 부모님이 함께 도와주는 것이 필요합니다. 서서히 단계를 높여서 그림의 양이 줄어들고 글밥이 늘어나는 책을 골라 함께 읽어주세요. 이때 부모님이 좋아하는 책을 읽어주시는 것이 가장 좋습니다. 부모님이 좋아하는 책을 읽어주면 책에 대한 기대감, 좋아하는 마음이 전해집니다. 읽어줄 책을 소개할 때도 할 말이 많아집니다. 또 아이들이 그림책으로 읽어봤던 내용의 책이 줄글로 된 책으로도 나와 있다면 소개해주시는 것도 좋습니다.

"'피노키오'라는 노래 알아? '꼭두각시 인형 피노키오. 나는 네가 좋구나. 파란 머리 천사 만날 때는 나도 데려가주렴' 이런 가사의 노래야. 책 속에서 피노키오가 얼마나 거짓말을 많이 했는지, 거짓말 할 때마다 코가 쑥쑥 자란다니까. 피노키오가 정말 죽을 뻔한 위험한 일도 여러 번 겪거든. 그때마다 파란 머리 천사가 엄마처럼 많이 도와줘. 이 책 정말 궁금하지 않니?"

아이들에게 부모님들이 재미있게 읽었던 책을 소개해주세요. 아이들은 부모가 좋아하는 책에 대해 동일한 감정을 느낍니다. 부모가 읽어주는 분위기, 표정, 감정 등의 비언어적인 표현을 통해 메시지가 전달되기 때문입니다. 부모가 먼저 충분히 이해하고 좋아하는 줄글로 된 책을 읽어준다면 아이도 재미있다고 생각합니다. 모르는 어휘나 복잡한 문장이 나와도 즐겁다고 여깁니다. 또 더 알아보고 싶은 원동력이 생기게 됩니다. 부모와 함께 즐거움을 공유하기 때문입니다. 어렸을 때 재미있게 읽어보신 책이 있으신가요? 아이에게도 동일한 즐거움을 누리도록 해주세요. 혹시 없으셔도 괜찮습니다. 지금부터라도 아이와 함께 즐거운 독서를 시작해보세요.

7장

만화책만 읽는 아이는
어떻게 해야 하나요?

학습 만화와 문해력과의 관계

서점에 가보면 '초등학생에게 가장 인기 있는 책 순위'에 학습 만화가 1, 2위를 차지한 것을 보게 됩니다. 천자문, 과학, 역사, 인물 등 다양한 분야에서 학습 내용을 다루는 만화들도 쉽게 접할 수 있습니다. 부모님들께서는 아이들이 좋아하기도 하고, 학습적인 요소도 있기에 학습 만화를 전집으로 사주기도 하십니다. 책을 싫어하는 아이라면, 책 자체와 친해지기 위한 첫걸음으로 학습 만화를 선택할 수 있습니다. '책이면 다 지루하고 재미없을 줄 알았는데, 책도 꽤 재미있네' 하고 책에 대한 인상을 바꿔줄 수 있기 때문입니다. 하지만 이렇게 학습 만화에만 의존하는 경우, 아이들의 문해력 향상에는 한계가 있을 수 있습니다.

문해력은 단순히 글을 읽는 능력을 넘어, 글 속에 담긴 복잡한 내용과 개념을 이해하고 분석하며, 이를 바탕으로 자신의 생각을 정리하는 능력을 의미합니다. 문해력은 아이들이 학습하고 세상과 소통하는 데 있어서 중요한 기본기입니다. 그러나 학습 만화는 문해력 향상에 큰 도움이 되지 않는다는 지적이 많습니다.

어휘의 제한성

학습 만화는 만화를 이끌어 가는 스토리가 있고, 그 안에 학습 내용을 넣어야 합니다. 만화의 특성상 대사와 설명이 짧고 간결합니다. 말풍선 안에 많은 정보를 담기 어렵기 때문에, 간단한 문장만 담겨 있는 경우가 많습니다. 문해력이 향상되려면 다양한 어휘와 긴 문장이 포함된 글을 많이 읽어야 합니다. 그러나 만화의 말풍선 안에 많은 내용을 넣기는 어렵습니다. 길어야 한두 문장 정도 적을 수 있습니다. 학습 내용을 길게 넣으면 재미가 없고, 흥미가 떨어지기 때문에 요점만 간단히 요약해서 넣어야 합니다. 하지만 이마저도 많아지면 아이들은 잘 읽지 않습니다. 눈으로 읽다가 무슨 말인지 이해가 안 되면 이러한 내용들은 건너뛰고 재미있는 만화로 된 스토리 부분만 읽는 것이지요. 결국 다양한 어휘와 긴 문장을 접할 기회가 줄어들어 아이들이 문해력을 쌓는 데 한계가 생깁니다.

개념 이해와 분석의 부족

문해력은 긴 글을 읽고, 그 속에서 제시된 논리와 개념을 이해하며 분석하는 과정에서 향상됩니다. 그러나 만화는 스토리를 빠르게 전개하기 위해 길고 복잡한 설명을 생략하는 경우가 많습니다. 따라서 아이들은 중요한 학습 내용을 깊이 있게 생각하거나 분석할 시간이 부족해집니다. 어려운 개념이 나올 때 잠시 멈춰서 생각하며 이해하며 읽어야 하는데, 만화는 이렇게 생각할 여유를 주지 않습니다. 아이들은 이해가 되지 않는 부분은 빠르게 넘어가고 주로 '꽈당' 하고 넘어지거나 '뿡', '빵', '쿵' 소리를 내는 재미있는 부분을 빠르게 찾아 읽습니다. 어려운 개념을 마주했을 때, 이것을 가지고 고민하기보다 이를 시각적인 재미있는 부분으로 빠르게 넘겨버리기 때문에 문장 속의 내용을 이해하고 분석하는 능력이 향상되기 어렵습니다.

만화책만 읽는 아이, 이렇게 해보세요

단계적인 접근

만화책을 통해 독서에 대한 긍정적인 경험을 쌓은 후, 조금씩 줄글로 된 책으로 넘어갈 수 있도록 도와주세요. 예를 들어, 만화책 세 권을 읽은 후 줄글로 된 책 한 권을 읽는 식으로 비율을 조절해 나가는 방법이 있습니다. 아이가 줄글 책을 부담스러워하지 않도록 천천히 접근하는 것이 중요합니다.

관련된 줄글 책 읽기

학습 만화에서 다룬 주제와 관련된 줄글 책을 추천해주는 것도 좋은 방법입니다. 예를 들어, 플라톤의 '국가'를 학습 만화로 읽은 후, 줄글로 된 '국가'를 읽도록 유도할 수 있습니다. 만화를 통해 기본 개념을 익힌 후, 더 깊이 있는 내용을 줄글 책에서 학습하면 이해력과 문해력이 함께 향상될 수 있습니다.

부모와의 독서 시간

부모와 함께 책을 읽고, 책에 대해 이야기하는 시간을 가지면 아이들이 줄글 책에 대한 거부감을 줄일 수 있습니다. 부모가 먼저 줄글 책을 읽고, 그 내용을 아이와 함께 나누며 토론하는 시간을 가져보세요. 아이들이 스스로 책의 매력을 느낄 수 있도록 도와주는 것입니다.

책 선택의 자유

아이들이 자발적으로 줄글 책을 선택할 수 있도록 독려해주세요. 아이들이 흥미를 가질 만한 주제를 다룬 줄글 책을 선택하게 하고, 그 책을 읽는 과정을 통해 독서의 즐거움을 느낄 수 있도록 해줍니다.

아이들이 학습 만화를 보는 이유는 재미있는 '만화'를 보고 싶어서인 경우가 많습니다. 그럴 때는 차라리 재미있는 만화를 소개시켜주는 것이 어떨까 싶습니다. 만화 중에서도 아이들에게 추천할 만한 유익한 책들이 있습니다. 때로는 부모님들이 좋은 만화책을 선별해서 먼저 보시고 아이들과 같이 공유하셔도 좋을 것 같습니다. 좋은 만화책을 선별해서 보여주되 줄글로 된 책의 즐거움도 알아가도록 잘 안내해주세요. 아이들의

특성과 수준에 따라 책을 좋아하도록 잘 안내해주시는 것이 가장 좋습
니다.

8장

책 읽을 시간이 없는 아이는
어떻게 해야 하나요?

"학교 끝나고 나면 학원에 가느라 바쁘고, 학원 끝나고 집에 와서 밥 먹고 숙제하면 금세 잘 시간이 돼요. 책 읽는 게 중요한 건 아는데 너무 바빠서 책 읽을 시간이 없어요."

유치원 다닐 때 책을 많이 읽었던 아이들도 학교에 입학하면서부터 책 읽는 시간이 줄어듭니다. 아이들이 한글을 깨우쳤기 때문에 부모님들이 스스로 책을 읽으라고 하기 때문입니다. 또 그나마 책을 읽던 저학년 아이들도 고학년쯤 되면 책을 읽는 양이 현저하게 줄어듭니다. 많은 아이들이 책 읽을 시간 대신에 학원에 다니며 숙제할 시간도 부족하기 때문입니다. 게다가 중학생이 되면 책 읽기는 더욱 어려워집니다. 학습량이 늘어나기 때문에 학교 수업을 따라가기에 바빠서 책을 읽을 시간이 없습니다. 또 책 읽으라는 부모님의 권유를 잔소리처럼 듣기 때문에 새로 독서 습관을 갖는 것이 더욱 쉽지 않습니다. 학기 중에는 교과 내용을 따라가느라 바쁘고, 방학에는 학기 중에 못했던 활동을 하느라 바빠서 책을 읽기가 쉽지 않습니다. 이렇게 바빠서 책 읽을 시간이 없는 우리 아이들, 어떻게 해야 하나요?

학교 공부가 쉬워지는 열쇠, 문해력

교과서에 나오는 글이 해석이 안 되서 공부하기를 어려워한다는 이야기 들어보셨나요? 학교에서 하는 공부도 결국 책의 내용을 이해하고 파악하는 것이 기본입니다. 수업 시간에 다루는 교과서의 글의 양 자체만 보면 많지 않습니다. 하지만 책을 많이 읽어보지 않은 아이들은 교과서에 나오는 지문도 파악하기 어려워합니다. 결국 문해력이 부족하면 교과서의 내용을 이해하기 어렵고, 문제를 풀 때도 어려움을 겪게 됩니다.

미국의 교육심리학자 조셉 아델슨(Joseph Adelson)은 "문해력은 모든 학습의 열쇠가 된다"라고 말했습니다. 초등학교 시절에 문해력을 높여야 나중에 더 어려운 내용도 쉽게 이해할 수 있게 됩니다. 책을 많이 읽으면 문해력이 자연스럽게 향상되고, 이는 학교에서의 학업 성취에도 직접적인 영향을 미칩니다. 따라서 초등학교 고학년 때도 교과 공부 외에 꾸준히 독서를 하며 문해력을 향상시키는 것이 필요합니다. 문해력을 키워야 하는 시기를 놓치지 않도록 부모가 독서의 가치를 공유하고, 독서 환경을 조성해주는 것이 무엇보다 중요합니다.

학습에 흥미를 느끼게 하는 배경지식

책을 읽는 것은 배경지식을 확장하는 가장 좋은 방법 중 하나입니다. 배경지식이 풍부하면 수업에서 새로운 내용을 배울 때 쉽게 이해할 수 있고, 더 깊이 있는 학습이 가능합니다. 또한 배경지식은 아이들의 호기심을 자극하고, 학습에 대한 흥미를 높이는 데 중요한 역할을 합니다. "지식의 가장 중요한 원천은 경험이다. 그러나 독서는 두 번째로 좋은 것이다"라는 알베르트 아인슈타인의 말처럼, 책을 통해 간접 경험을 쌓는 것은 배경지식을 넓히는 데 매우 유익합니다. 학생들이 수업 시간에 학습에 흥미를 갖게 되는 가장 큰 이유 중 하나는 배경지식이 있을 때입니다. 자신이 직접 경험해봤거나 관련이 있는 경우 아이들은 흥미를 가지고 궁금해합니다. 그러나 이러한 배경지식이 없을 경우 교사의 말이 자신과 상관없는 먼 나라 이야기처럼 들리고 이해력도 현저하게 떨어지게 됩니다. 이러한 배경지식을 늘리는 것이 학습 성취도를 높이는 열쇠라고 해도 과언이 아닐 것입니다. 배경지식을 넓히기 위해서 일반적으로 직접 방문해서 보고, 듣고, 만지는 것이 가장 좋습니다. 하지만 이러한 기회가 적을 경우에 책을 통해 간접적으로 경험하는 것이 최선의 방법입니다.

책 읽기의 장기적인 효과

초등학교 시절에 형성된 독서 습관은 아이들이 중학생, 고등학생이 되어서도 계속 영향을 미칩니다. 이 시기에 형성된 문해력과 배경지식은 아이들이 더 어려운 내용을 접했을 때도 자신감 있게 학습할 수 있도록 도와줍니다. 또한 책 읽기는 아이들의 창의력과 상상력을 키우고, 나아가 인생의 중요한 문제를 해결하는 데 필요한 사고력과 판단력을 길러줍니다. 독서는 단순한 지식의 습득을 넘어, 마음과 정신을 풍요롭게 하는 중요한 활동입니다. 따라서 초등학교 시절, 아이들에게 책 읽기를 통해 마음의 양식을 충분히 제공해주는 것이 인생 전반에 필요한 자양분을 주는 것입니다.

아이들이 바빠서 책 읽을 시간이 부족한가요? 초등학생 시절은 아이들이 책 읽는 습관을 형성할 수 있는 중요한 골든타임임을 기억해주세요. 이 시기에 다른 어떤 활동보다 독서의 가치를 공유하고, 독서 습관을 길러주어 학교 공부는 물론이고, 인생 전반에 걸쳐 중요한 기초를 쌓게 되길 바랍니다.

9장

토론과 논술을 잘하는
아이를 만드는 책 읽기 비결

프랑스 교육의 독서와 토론 문화

프랑스 교육은 논리적 사고와 철학적 토론에 큰 비중을 둡니다. 프랑스의 대학 입학 시스템인 '바칼로레아(Baccalauréat)'는 학생들이 자신의 생각을 논리적으로 펼치는 능력을 평가하는 시험입니다. 이 시험에서 학생들은 주어진 주제 중에 하나를 선택해서 4시간 동안 소논문 형식으로 작성해야 합니다. 놀라운 것은 바칼로레아 시험이 있는 당일 저녁, 온 국민이 공개된 문제를 두고 곳곳에서 열띤 토론을 한다고 합니다. 뿐만 아니라 TV 프로그램과 유명 일간지에서도 사회 각계각층의 지식인들이 나와서 주제에 대한 토론을 펼치거나 저마다 모범 답안을 선보입니다. 이처럼 프랑스의 대학 입시 문제에 대해 입시생뿐만 아니라 온 국민이 함께 철학 문제를 고민하고 토론하는 것이 어떻게 가능할까요?

"프랑스인들에게 바칼로레아는 자유롭게 생각하고 표현할 권리다. 그래서 이들은 바칼로레아 철학 문제가 공개되면 전 국민이 답을 함께 고민하며 생각할 자유와 표현할 자유를 마음껏 누리는 것이다."

– 《프랑스 교육처럼》, 이지현

《프랑스 교육처럼》 책을 쓴 이지현 작가의 경험담에 따르면 프랑스의 부모들은 평소 저녁 식사 시간에 아이들이 학교에서 배운 책의 내용을 함께 이야기한다고 합니다. 프랑스에서는 저녁 식사 시간이 2~3시간씩 되는데요, 먹기 위한 것이 아니라 말하기 위한 시간처럼 느껴진다고 합니다. 부모들은 아이들이 학교에서 학습한 책에 대해 같이 토론하기 위해서 같은 책을 읽습니다. 저녁 식사 시간을 통해 온 가족이 모여 책의 내용에 대해 자기 생각을 나누는데, 서로 철학적인 질문들을 거침없이 던집니다. 이렇게 서로의 의견을 듣고 질문을 던지는 시간을 통해 프랑스 아이들은 자기의 생각을 점차 확장시켜 나갑니다. 이는 비판적, 논리적으로 생각하고, 자신의 생각을 명확히 표현하게 도와주지요.

이렇듯 밥상머리 가정교육이 뒷받침됐기 때문에 프랑스의 모든 국민들이 철학적인 사고를 하고, 논리적으로 자신의 생각을 표현하는 것이 자연스러울 수밖에 없다고 생각되었습니다. 더욱이 공부는 학교 다니는 학생들만 학교와 학원에서 하는 것이라고 미뤄둔 대한민국의 교육 분위기와 사뭇 다르다는 생각이 들었습니다. 그리고 우리나라 부모님들도 아이들과 함께 책을 함께 읽으며 대화하고 토론한다면 얼마나 좋을까 하며 부러운 생각마저 들었습니다.

토론과 논술은 오래 전부터 중요시되었지만 우리에게는 너무나 어렵게 여겨집니다. 그것을 접하는 학생들도 또 부모들도 익숙하지 않기 때문이지요. 우리나라의 학생들은 지식에 대해서 기억하고 이해하는 것에는 익숙합니다. 하지만 그것에 대한 내 생각을 논리적으로 이야기하는 것은 낯설어합니다. 내가 읽은 내용을 다른 사람에게 이야기하는 것, 그리고 그 내용에 대해 자신의 견해를 밝히는 것, 자신의 견해를 뒷받침해줄만한 타당한 근거를 갖는 것, 상대방의 논리에서 오점을 찾아내서 질문하는 것들은 토론과 논술에서 사용되는 논리적인 사고 능력입니다. 이러한 능력을 향상시키기 위해서는 단순히 글만 읽고 이해하는 수준에 머물러서는 안 됩니다. 그 내용이 과연 타당한지 기준을 가지고 검토할 수 있어야 하고, 자신의 견해를 근거를 가지고 밝힐 수 있어야 합니다. 이러한 수준이 되려면 어릴 때부터 책을 읽고 난 후에 책에 대해서 부모님과 대화하는 시간을 갖는 것이 가장 좋습니다. 처음에는 아이들이 이러한 질문과 대화 자체를 어려워할 수 있습니다. 하지만 부모와 대화를 나누며 의견을 교환하고 다양한 생각들을 접하면서 자기의 생각과 견해를 넓혀가게 됩니다. 이러한 과정들을 꾸준히 반복하며 토론하면 그것을 글로 풀어내는 논술 능력이 향상됩니다.

토론과 논술을 잘하는 아이로 키우는 가정에서의 독서 교육

함께 책 읽기

부모님이 아이와 함께 책을 읽는 것은 아이들이 책을 통해 얻은 지식을 바탕으로 사고력을 키우는 데 큰 도움이 됩니다. 책을 읽은 후, 책의 내용에 대해 이야기하고, 각자의 생각을 나누는 시간을 갖는 것이 중요합니다. 아이들은 자신이 이해한 내용을 부모에게 설명하고, 부모의 의견을 들으면서 사고의 폭이 넓어집니다.

질문 던지기

책을 읽고 난 후에는 아이에게 다양한 질문을 던져보세요. 예를 들어 '토끼와 거북이'의 경주 내용이 담긴 책을 읽으면서 "공평하다는 것은 무엇일까?", "땅 위에서 달리는 시합 종목이 과연 두 동물에게 모두 공평한가?"와 같은 질문을 통해 아이가 깊이 생각할 수 있도록 유도합니다. 이런 질문은 아이들이 논리적으로 생각하고, 자신의 의견을 표현하는 데 큰 도움이 됩니다.

글로 표현하기

책을 읽고 난 후에는 자신의 생각을 글로 표현하는 연습을 하게 합니다. 처음에는 간단한 요약부터 시작해서 점차 생각을 논리적으로 정리하는 글쓰기를 시도해볼 수 있습니다. 이 과정에서 부모님이 함께 글을 읽고 피드백을 주는 것이 중요합니다.

토론의 기회를 자주 제공하기

가족 간의 토론 시간을 정기적으로 가지는 것도 좋은 방법입니다. 주제를 정해 놓고, 가족 모두가 각자의 의견을 발표하는 시간을 갖는 것입니다. 이러한 경험은 아이들이 자신의 의견을 논리적으로 표현하고, 타인의 의견을 존중하는 법을 배우는 데 큰 도움이 됩니다.

다양한 책 읽기

아이들이 다양한 주제의 책을 읽도록 유도하는 것도 중요합니다. 문학, 역사, 과학 등 여러 분야의 책을 읽으면서 아이들은 폭넓은 지식을 쌓고, 그 지식을 바탕으로 자신의 생각을 더욱 풍부하게 표현할 수 있게 됩니다.

프랑스 철학자 루소(Rousseau)는 "책을 읽는 것은 사람에게 단순히 지식을 주는 것이 아니라, 인격을 형성하는 과정이다"라는 말을 남겼습니다. 책을 읽고, 질문하고, 글쓰기를 연습하는 것은 단지 지식을 얻기 위해 훈련하는 것은 아닙니다. 독서 후의 대화는 아이의 생각을 깊이 있게 만들고, 다양한 시각을 갖게 하며, 자기표현 능력을 길러줍니다. 초등학교 시절에 부모님이 아이와 함께 책을 읽고, 대화를 나누며, 아이의 생각을 존중해주는 가정에서의 문화가 생긴다면 토론과 논술 능력뿐 아니라 아이들의 인격 형성과 성장에도 풍부한 밑거름이 되어줄 것입니다.

3부

· · · · · ·

책 읽기를 좋아하게 만드는
초등 책 육아 로드맵(저학년 편)

1장

초등학교 입학 전에
꼭 준비해야 할 것

다른 친구들과 비교가 시작되는 나이

유치원 시절, 아이들은 놀이를 통해 세상을 배웁니다. 하지만 초등학교에 입학하면서부터는 학습의 패턴이 완전히 바뀝니다. 교실에 앉아 40분 동안 수업을 듣고, 10분씩 쉬는 시간이 주어지는 패턴이 반복됩니다. 아이들에게는 이것이 큰 변화입니다. 특히 1~2학년 시기에는 아이들이 자신의 위치를 자각하는 중요한 시기입니다. '나는 친구들보다 키가 작아', '나는 짝보다 받아쓰기를 많이 틀렸어', '나는 책을 잘 못 읽는 것 같아' 등 아이들은 자연스럽게 자신을 다른 친구들과 비교하게 됩니다. 이런 비교 속에서 아이들은 스스로의 학습 능력과 자존감을 형성해갑니다. 이러한 이유로 많은 학부모님들이 아이가 학교에 가기 전 어떤 준비를 해야 하는지 고민하게 됩니다. 한글을 읽고 쓸 수 있어야 할지, 영어를 미리 학습해야 할지, 학교에서 뒤처지지 않을지 하는 불안감에 선행 학습이 꼭 필요하다고 생각합니다.

1학년, 선행 학습하지 않으면 실패한다?

많은 부모님들이 선행 학습이 필요하다고 생각합니다. 하지만 아이들마다 싹을 틔우고 열매를 맺는 시기가 다 다릅니다. 아이마다 발달 속도가 다르며, 이로 인해 배움의 시기와 방식도 다를 수 있습니다. 이미 4~5살 때 한글을 읽고, 쓰고, 암기를 잘해서 동네에서 영재로 통했지만, 시간이 지나면서 학습 동기를 잃고 결과적으로 기대에 미치지 못하는 경우도 있습니다. 반대로 저학년 때 뚜렷한 두각을 드러내지 못하고 배우는 속도가 더딘 아이들 중에서도 꾸준히 실력을 쌓아 나중에는 괄목할 만한 큰 성취를 보이는 학생들도 많습니다. 오히려 저학년 때의 지나친 선행 학습이 아이들이 학습 의욕을 꺾고, 흥미를 잃게 할 수 있습니다.

선행 학습보다 중요한 것은 좋은 습관

영국의 교육 철학자 샬롯 메이슨은 "좋은 습관은 마치 기차가 달리도록 레일을 깔아주는 것과 같다"라고 말했습니다. 즉, 좋은 습관이 아이들이 성장하며 겪을 여러 어려움들을 잘 극복하고, 자기 주도적으로 성장하는 데 큰 도움을 준다는 것을 뜻합니다. 물론 기본적인 준비가 필요할 수 있지만, 그보다 더 중요한 것은 아이들이 즐겁게 학습할 수 있는 좋은 습관을 길러주는 것입니다. 스스로 학습할 수 있는 습관, 끈기 있게 문제를 해결하려는 태도, 그리고 자신감을 갖고 도전하는 마음가짐이야말로 초등학교 입학 전 가장 중요한 준비입니다. 이러한 습관은 아이들이 학습 환경에 잘 적응하고, 장기적으로 학습 동기를 유지하는 데 크게 기여합니다. 교육의 목적은 단순히 좋은 성적을 얻는 것이 아니라, 아이들이 자기 주도적으로 학습하고, 즐거움을 느끼며, 삶의 문제를 해결해 나가는 능력을 기르는 데 있습니다. "교육은 인생을 준비하는 것이 아니라, 인생 그 자체다"라는 말처럼 초등학교 입학 전에는 무엇보다도 아이들이 학습을 즐기고, 자기 자신을 사랑하며, 세상을 탐구하는 마음을 갖게 하는 것이 중요합니다. 이러한 경험들이 쌓여, 아이들은 자라면서 스스로 인생을 살아갈 힘을 얻게 될 것입니다.

2장

저학년 때 반드시 익혀야 할
기본 생활 습관 1 〈가정 편〉

좋은 습관의 중요성

초등학교 저학년 시기에는 학습 결과보다 좋은 습관을 형성하는 것이 더 중요합니다. 이 시기에 형성된 습관들은 아이가 자라면서 학습과 생활 전반에 걸쳐 긍정적인 영향을 미치게 됩니다. 초등학교 저학년 시기는 아이들이 스스로 자립하는 법을 배우고, 자신에게 필요한 능력들을 키워가는 시기입니다. 이때 좋은 습관을 들이는 것은 마치 미래의 성장을 위한 견고한 기초를 닦는 것과 같습니다. 이러한 습관들은 단기적으로는 학교생활의 적응을 돕고, 장기적으로는 아이가 자립적이고 책임감 있는 사람으로 성장하는 데 중요한 역할을 합니다. 좋은 생활 습관을 갖게 하는 것은 단순히 현재의 행동을 교정하는 것이 아니라, 아이가 장차 자신이 하고 싶은 것을 잘 해낼 수 있도록 미리 준비시키는 것입니다. 이 과정에서 부모님의 역할은 매우 중요합니다. 부모님은 아이가 올바른 습관을 형성할 수 있도록 인내와 일관성을 가지고 지지해주셔야 합니다.

가정에서 훈련해야 할 기본 생활 습관

"Education is an atmosphere, a discipline, a life."

"교육은 분위기이고, 습관이며, 삶이다."

샬롯 메이슨은 가정교육의 중요성을 강조한 영국의 교육 사상가로, 그녀의 교육 철학은 오늘날까지도 많은 사람들에게 영향을 미치고 있습니다. 샬롯 메이슨은 교육이 단순히 교실에서 이루어지는 것이 아니라, 가정에서의 생활 전반에 걸쳐 이루어져야 한다고 강조합니다. 교육은 아이가 성장하는 환경(분위기)과 규율(습관), 그리고 삶의 방식 자체라는 것입니다. 그녀는 좋은 습관을 가진 아이들은 더 나은 삶을 살게 되며, 이는 결국 부모에게도 평온하고 편안한 일상을 가져다줄 것이라고 강조합니다. 가정에서의 기본 생활 습관은 아이가 자립적이고 책임감 있는 학생으로 성장하는 데 중요한 역할을 합니다. 가정에서 부모님이 인내와 일관성을 가지고 아이가 좋은 습관을 갖도록 도와주시는 것이 꼭 필요합니다.

1. **일어나서 침구 정리하기** : 아침에 스스로 침구를 정리하는 것은 자립심을 키우는 데 중요한 역할을 합니다. 매일 아침 침구를 정리함으로써 아이는 하루를 깔끔하게 시작할 수 있습니다.

2. **혼자 세수, 양치하고 옷 갈아입기** : 아이가 스스로 자신을 청결하게 유지하고 관리하는 것은 건강을 위해서도 중요하며, 이를 스스로 할 수 있게 되면 자신감과 자립심이 자라납니다.

3. **식사 준비 함께하기** : 아이가 식사 전에 테이블 닦기, 수저 놓기 등 간단한 일을 도울 수 있도록 함으로써 협력심과 배려심을 가르칠 수 있습니다.

4. **식사 후에 먹은 그릇 가져다 놓기** : 식사를 마친 후 자신이 사용한 그릇을 치우는 습관은 청결함과 책임감을 기르는 데 도움이 됩니다.

5. **앉아서 책 읽기, 숙제하기** : 매일 일정한 시간에 책을 읽고 숙제하는 습관을 들임으로써 학습에 대한 긍정적인 태도를 형성할 수 있습니다.

6. **장난감 정리하기** : 놀이가 끝난 후 사용한 장난감을 정리하는 습관은 정리 정돈의 중요성을 배우는 첫걸음입니다.

7. **내일의 준비물과 숙제를 확인하고 가방 미리 챙기기** : 스스로 준비물을 확인하고 가방을 챙기는 습관은 계획성과 준비성을 키워 줍니다.

8. **부모님이 부르시면 "네" 하고 대답하고 순종하기** : 부모님의 부름에 즉각 대답하고 행동하는 것은 존중과 예의를 배우는 중요한 방법입니다.

습관 형성의 구체적인 방법

1. **작은 목표 설정** : 처음부터 많은 습관을 동시에 들이려고 하면 아이가 부담을 느낄 수 있습니다. 작은 목표를 하나씩 설정하는 것이 좋습니다. 예를 들어, "이번 주는 매일 아침 침대를 정리하는 것을 목표로 해보자"와 같이 구체적인 목표를 세우고, 이를 달성했을 때 칭찬과 격려를 해주세요. 작은 성취를 반복하며 아이는 스스로 동기를 부여받고, 긍정적인 습관을 형성하게 됩니다.

2. **일관성 유지** : 좋은 습관을 형성하기 위해서는 일관성이 매우 중요합니다. 매일 같은 시간에 같은 행동을 반복함으로써 아이가 습관을 자연스럽게 받아들이도록 도와주세요. 예를 들어, 매일 저녁 식사 후에는 반드시 그릇을 치우는 일관된 규칙을 세워 실천하게 합니다.

3. **긍정적인 강화** : 아이들이 좋은 습관을 실천할 때마다 칭찬과 격려를 해주세요. 이는 아이에게 동기부여가 되며, 좋은 습관을 지속하게 만듭니다. "오늘 아침에 침대를 잘 정리했구나. 정말 깔끔해서 기분이 좋다"와 같은 말은 아이에게 큰 힘이 됩니다.

4. **롤모델 되기** : 부모님이 직접 좋은 습관을 보여주는 것이 중요합니다. 가령 아이에게 "네" 하고 부름에 즉각 대답하고 행동하는 좋은 습관을 키워주고 싶으신가요? 그렇다면 부모님이 먼저 배우자의 요청에 대해서 "네" 하고 대답하는 모습을 자주 보여주세요. 아이들은 부모님의 행동을 보고 배우기 때문에, 부모님께서 먼저 좋은 습관을 보여주는 것이 아이들에게 가장 좋은 교육이 됩니다.

5. **놀이를 통한 학습** : 아이들이 즐거운 놀이를 통해 습관을 익히게 하면, 학습 효과가 더 큽니다. 예를 들어, 장난감을 정리하는 시간을 놀이처럼 재미있게 만들어 줍니다. '땅에 떨어진 물건 5개 먼저 정리하기' 같은 간단한 게임을 통해 정리하는 습관을 기를 수 있습니다.

이런 기본 생활 습관은 기본적인 것이지만 저절로 되지 않습니다. 한번에 좋은 습관이 생기는 것도 아닙니다. 오랜 시간에 걸쳐 아이들과 약속하고 스스로 지킬 수 있도록 인내를 갖고 도와주셔야 합니다. 혹시 잘하지 못한다고 "엄마가 몇 번이나 이야기해야 해", "빨리 이거 안 해?" 하고 소리 지르며 혼내지 마시고 기다려주세요. 온유한 목소리로 "혹시 잊은 것 없니?", "그다음에 뭘 해야 하지?' 하며 해야 할 일을 상기시켜주세요. 그리고 잘했을 때는 격려해주세요. 아이들은 부모님의 사랑과 격려를 먹고 자랍니다. 그리고 이런 좋은 습관이 형성되어야 비로소 공부할 준비가 됩니다. 저학년들은 학습보다 학습을 위한 습관을 정립하는 것이 우선입니다. 이런 좋은 습관이 형성되어 있지 않으면 학습을 한다고 해도 그 잠재력이 제대로 발휘되기가 어렵습니다. 부모님께서는 인내와 일관성을 가지고 함께 좋은 습관을 길러주세요. 작은 목표를 설정하고, 일관된 규칙을 유지하며, 긍정적인 강화를 통해 아이들이 스스로 좋은 습관을 실천할 수 있도록 도와주세요. 이를 통해 아이들은 자립적이고 책임감 있는 학생으로 성장하게 될 것입니다.

3장

저학년 때 반드시 익혀야 할 기본 생활 습관 2 〈학교 편〉

학교에서 좋은 생활 습관의 중요성

초등학교 저학년 시기는 아이들이 처음으로 학교라는 사회적 환경에 적응하게 되는 중요한 시기입니다. 아이들은 가정에서 배운 습관들을 학교에서 적용하고, 이를 통해 더 넓은 사회에서의 규칙과 예절을 익혀나갑니다. 가정에서 좋은 습관을 형성한 학생은 학교생활에서도 큰 빛을 발합니다. 기본 생활 습관이 잘 형성된 아이들은 학교생활에 자연스럽게 적응하고, 다른 학생들과의 관계에서 안정감을 느끼며, 학습에도 긍정적인 태도를 보일 가능성이 높습니다. 학교에서는 한 반에 20명 내외부터 많게는 30명 남짓한 학생들이 한 공간에서 생활하게 됩니다. 그러다 보니 혼자서 쓸 수 있는 공간이 많지 않습니다. 자기 스스로 관리하고 챙길 수 있는 기본적인 습관이 형성되어 있지 않으면 나뿐만 아니라 주변의 친구들에게도 불편을 끼쳐 다툼과 갈등의 요인이 됩니다. 하지만 학교에서 생활하다 보면 의외로 자기 물건을 제대로 정리하거나 자기 몸을 스스로 관리할 수 있는 습관을 가진 학생은 많지 않습니다.

학교에서 훈련해야 할 기본 생활 습관

책상 서랍 정리하기

- **필통, 책, 공책 정리하기** : 책상 서랍은 아이들의 작은 공간입니다. 이 공간을 체계적으로 정리하는 습관은 자기 관리 능력을 키우는 첫걸음입니다. 책과 공책, 필통을 체계적으로 정리함으로써, 아이들은 필요한 물건을 쉽게 찾고, 집중력도 높아집니다.

  예를 들어 책은 왼쪽, 공책은 오른쪽, 필통은 가운데에 놓는 등 일관된 위치에 두도록 알려주세요. 또 받은 인쇄물을 종이 채로 서랍에 넣으면 구겨지기 쉽습니다. 구겨진 파일은 아이들이 다시 보기 힘듭니다. 과목별로 투명 L자 파일이나 클리어 파일을 준비해서 받은 프린트를 보관하면 보관하기도 좋고 찾기도 편리합니다.

- **필요한 연필 준비하기** : 수업 중 연필을 깎으러 가는 아이들이 의외로 많습니다. 수업 중 연필을 깎으러 가는 일이 없도록, 수업 전 미리 연필을 3~4자루씩 깎아 준비하는 습관을 들여주세요. 이는 수업에 방해받지 않고 몰입할 수 있도록 돕습니다.

수업 준비하기

- **수업 후 책을 정리하고 다음 시간 책 미리 꺼내놓기** : 아이들은 수업

종이 치기 시작하면 그 때부터 수업 준비를 하려고 책을 찾습니다. 다음 수업의 준비물을 미리 꺼내놓는 것은 시간 관리와 계획성을 길러줍니다. 수업 시작 전에 준비를 마치면, 수업 시작 후에 허둥지둥하지 않고 몰입할 준비를 할 수 있습니다.

사물함 정리하기

- **사물함을 연 후에 닫기** : 사물함이 열려 있으면 다른 친구들이 문 모서리에 찍혀 다칠 수 있습니다. 사물함을 사용한 후 문을 제대로 닫는 습관은 안전을 위해 중요합니다. 열려 있는 사물함 문에 다른 친구가 부딪히는 경우가 생기지 않게 주의하도록 가르쳐야 합니다.
- **가까운 곳에서 친구가 사물함을 사용할 때 기다리기** : 사물함을 동시에 사용하다가 다툼이 생기는 경우가 있습니다. 사물함을 동시에 사용하는 경우, 다른 친구가 먼저 사용하고 있다면 기다렸다가 사용하는 습관을 가르쳐주세요. 이는 차례를 지키는 예의와 배려를 배우는 데 도움이 됩니다.
- **물건을 종류별로, 크기별로 정리하기** : 사물함 내에 물건을 종류와 크기별로 정리하면 물건을 찾기 쉽고, 잃어버릴 가능성도 줄어듭니다. 정리 정돈을 잘하는 습관은 아이가 자신의 물건을 책임감 있게 관리할 수 있도록 도와줍니다.

저학년들은 아직 미숙한 부분이 많기 때문에 이런 기본적인 생활 습관은 여러 번 반복해서 습관이 될 때까지 연습해야 합니다. 학교는 공부만 하는 곳이 아닙니다. 자기 정리가 잘 되어 있으면, 학교생활의 여러 가지 면에서 긍정적인 영향을 미칩니다. 자기 물건을 잘 관리하고 친구들을 배려하는 행동을 통해서 자연스럽게 옆의 친구들도 도와줄 수 있습니다. 때문에 친구들에게 사랑받고 선생님에게도 칭찬을 받게 됩니다. 이런 경험은 아이들에게 자신감을 심어주며 이것은 학교생활에서의 만족도와 성취감을 높여줍니다. "행복한 삶은 좋은 습관에서 시작된다"라는 말처럼, 아이들에게 좋은 습관을 길러주는 것이야말로 부모가 줄 수 있는 가장 큰 선물 중 하나일 것입니다.

4장

경청은 모든 학문의
시작이다

경청의 중요성

초등학교 저학년 시기는 아이들의 학습과 인생의 중요한 기초를 다지는 시기입니다. 이 시기에는 듣기, 말하기, 읽기, 쓰기 등 4가지 주요 언어 능력이 학습의 기본 도구가 됩니다. 이 중에서도 듣기는 모든 학습의 기초가 됩니다. 알베르트 아인슈타인은 "경청은 모든 학문의 시작이다"라고 말했습니다. 이는 아이들이 학습의 첫걸음으로서 듣기 능력을 잘 갖추는 것이 얼마나 중요한지를 강조한 것입니다.

수업 시간에는 선생님의 이야기를 듣고 지시에 따라 과제를 수행하는 것이 기본입니다. 예를 들면 "~페이지를 펴세요", "~를 꺼내세요", "선생님이 말한 것을 책에 써보세요"라고 교사가 이야기할 때가 많습니다. 이때 경청하는 습관이 잘 갖춰진 아이들은 학습을 잘 따라갈 수 있습니다. 하지만 경청이 잘 훈련되지 않은 아이들은 집중해서 듣고 지시대로 수행하는 것이 정말 어렵습니다. 실제로 많은 저학년 학생들이 선생님의 이야기를 잘 못 듣습니다. "한 반에 20명이 있으면 20번 이야기해줘야 한다"라는 저학년 선생님들의 말이 있을 정도입니다. 경청이 훈련되지 않은 아이들이 40분 동안 앉아 집중해서 선생님의 이야기를 듣는 것은 쉽지 않은 일입니다. 친구들과 이야기도 하고 싶고, 다른 것들을 만지고 돌아다니고 싶은데, 자기의 욕구를 억제하면서 가만히 앉아 있는 것만 해도 많은 에너지가 소모됩니다.

엄마가 책을 읽어주는 것의 효과

집에서 부모님이 책을 읽어주는 것은 아이들의 듣기 능력을 키우는 데 매우 효과적입니다. 가정에서 부모님께서 책을 읽어주시고 그것을 듣는 것이 익숙한 아이들은 이미 귀의 힘이 다릅니다. 앉아서 부모님이 읽어주는 책을 보는 동안 아이들은 몰입하게 됩니다. 이 시간이 늘어날수록 귀로 듣고 경청하는 힘이 커집니다. 집에서 아이들에게 책을 읽어주세요. 집중력이 짧다면 처음에는 5분 정도의 짧은 시간부터 시작해서 점차 시간을 늘려나가도 좋습니다. 아이들의 경청 능력은 점차 향상됩니다. 이 시간이 누적될수록 학교에서도 선생님의 말씀에 더 집중할 수 있게 되어 학습 효과로 이어집니다.

저학년 아이들에게 어떻게 책을 읽어줘야 할까?

책 읽는 시간을 정하기

매일 일정한 시간에 조용한 곳에서 책을 읽어주세요. 규칙적인 습관이 형성되면 아이들은 더 쉽게 집중할 수 있습니다.

아이의 관심사를 반영한 흥미로운 책 선택하기

처음에는 짧고 흥미로운 이야기책을 선택하세요. 아이들이 흥미를 느끼는 책을 읽으면 더 잘 몰입할 수 있습니다. 또 아이가 관심을 가지는 주제나 캐릭터가 나오는 책을 선택해서 읽어주세요. 이는 아이들이 더 몰입하고 즐길 수 있도록 돕습니다. 처음에는 5분부터 시작해서 점차 시간을 늘려나갑니다. 아이들이 지루해하지 않도록 조절하세요.

재미있게 읽으며 아이와 대화하기

목소리 톤과 속도를 조절해서 이야기를 생동감 있게 전달하세요. 이는 아이들의 집중력을 높이는 데 도움이 됩니다. 또 책을 읽는 동안 아이와 상호작용하세요. 질문을 던지거나, 이야기에 대한 의견을 나누며 대화를 이어나가세요. 이는 아이들의 이해력을 높이고, 듣기 능력을 향상시키는 데 도움을 줍니다.

저는 학교에서 아이들에게 책을 읽어주는 것을 좋아합니다. 아이들이 "오늘은 제가 선택한 책 읽어주세요" 하고 너도나도 제 책상 위에 자신들이 추천한 책을 올려놓는 것을 보면 빙그레 웃음이 납니다. 제가 책을 읽어주려고 의자에 앉으면 기대감에 가득 찬 반짝반짝한 눈으로 저를 기다리는 눈빛이 너무 사랑스럽습니다. 그런 아이들에게 그 어떤 동영상보다도 더 재미있게 읽어주고 싶다는 승부욕에 불타서 정말 다양한 목소리 톤으로 혼신의 힘을 다한 연기를 하며 책을 읽어줍니다. 동화책 속에서 노래를 부르면 저도 노래를 부르고, 인상을 쓰면 저도 인상을 쓰고, 춤을 추면 저도 춤을 춥니다. 물론 제가 이렇게 애를 써도 금방 집중력이 떨어져서 혼자 다른 짓을 하는 아이도 있습니다. 땅바닥을 긁기도 하고 다른 곳에 신경을 쓰며 혼자 놀기 시작합니다. 그래도 괜찮습니다. '아직 귀의 힘이 더 자라야 하는 구나' 하고 생각합니다. 그리고 그 아이의 수준에 맞는 짧은 책, 관심사인 책부터 골라서 읽어주려고 합니다. 아이들은 책을 참 좋아합니다. 또 책 읽어주는 것을 듣는 것을 참 좋아합니다. 사랑하는 아이를 무릎에 앉혀놓고 아이가 좋아하는 책을 읽어주세요.

5장

발표 잘하는 아이로 만드는 책 읽기의 비법

자기 의견을 말하는 것의 중요성

아이들이 학교에서 성공적인 학습을 하기 위해서는 듣기 능력뿐만 아니라 말하기와 발표 능력도 매우 중요합니다. 저학년 아이들일수록 수업 시간에 발표하고 싶어 합니다. 옛날에 〈봉숭아 학당〉이라는 프로그램에서 아이들이 서로 발표하고 싶어서 책상 위에 올라가려는 마음이 그대로 느껴지는 때가 바로 저학년 때입니다. 때로는 일단 손을 들고 보는 학생들도 있습니다. "저요, 저요!" 하고 목에 핏줄이 서도록 크게 부르며 열정적으로 손을 들어서 시켜보면 대답할 내용을 미처 생각하지 못해서 멋쩍게 웃음을 짓기도 합니다. 왜 저학년 아이들은 이렇게 발표를 하고 싶어 할까요? 수업 시간에 발표하면 반에 있는 모든 친구들이 자신의 의견을 주의 깊게 들어주고 선생님에게도 긍정적인 피드백을 듣는 경험을 하기 때문입니다. 때문에 친구들 앞에서 자주 발표하는 아이들은 성취감을 자주 얻어 자신감이 높습니다. 또한 긍정적인 학습 성취 경험이 쌓여 학업에 좋은 태도를 형성하는 데 큰 도움이 됩니다. 이렇게 많은 사람 앞에서 자신의 의견을 명확하게 표현하는 능력은 학업뿐 아니라 대인관계 형성 전반에 걸쳐 중요한 역할을 합니다. 이는 타인과의 의사소통을 원활하게 하고, 문제 해결 능력을 향상시키며, 자존감을 높여주기 때문입니다.

책 읽어주기와 질문의 효과

어떻게 하면 수업 시간에 발표도 잘하고 일상생활 속에서도 자기의 생각을 명확하게 표현하는 아이가 되도록 도와줄 수 있을까요? 이러한 능력을 향상시키기 위해서는 집에서 부모님이 책을 읽어주고, 중간에 멈춰 아이에게 질문을 던지는 것이 매우 효과적입니다. 샬롯 메이슨은 "아이들은 그들 자신의 생각과 의견을 표현할 기회를 가져야 한다"라고 강조합니다. 부모님이 아이에게 책을 읽어주고, 그 내용에 대해 질문을 던지는 것은 아이들이 스스로 생각하고, 질문하고, 의견을 표현하는 능력을 키우는 데 큰 도움이 됩니다.

책을 읽고 말하기의 구체적인 방법

중간에 멈추고 질문하기

책을 읽다가 중요한 장면에서 잠시 멈추고 아이에게 질문을 던져보세요. 예를 들어, "이 다음에 어떻게 될까?", "이 사람은 왜 이런 선택을 했을까?", "주인공 마음이 지금 어떨 것 같아?"와 같은 질문을 통해 아이가 스스로 생각하고 생각하는 능력을 키울 수 있습니다.

부모님의 생각 공유하기

혹시 아이가 "몰라"라고 대답하더라도 조급하게 생각하지 말고, 부모님의 생각을 이야기해주세요. 부모님의 생각과 의견을 들으며 아이들은 '아, 이렇게 생각할 수 있구나' 하고 배우게 됩니다.

리텔링(Re-telling) 연습하기

책을 읽기 전에 "책을 다 읽은 후에 책의 내용을 다시 이야기해보자"라고 미리 알려주세요. 아이는 책을 읽으면서 중요한 내용이나 기억에 남는 장면을 생각하며 읽게 됩니다. 책을 다 읽은 후, 그 내용을 자신의 말로 다시 이야기해보도록 하세요. 처음에는 가장 좋았던 장면을 펴보거나 손가락으로 그림을 가리켜보는 것부터 시작해보세요. 그리고 점차적으로 간단한 줄거리나 기억에 남는 장면을 말하게 하고, 상세한 내용을 포함하도록 유도합니다. 모든 책을 리텔링하도록 할 필요는 없지만, '하루에 한 권' 또는 '한 주에 한 권' 등으로 정해놓고 아이와 리텔링 연습을 해보시면 좋습니다. 이는 아이들의 기억력과 표현력을 키우는 데 도움이 됩니다.

샬롯 메이슨의 내러티브(narrative) 기법 활용하기

샬롯 메이슨은 "아이들은 자신의 말로 이야기할 때 가장 잘 배운다"라고 했습니다. 이는 아이들이 소리 내어 읽고, 자신의 말로 내용을 표현하는 것이 학습에 큰 도움이 된다는 것을 강조합니다. 책을 읽은 후, 아이가 자신의 말로 요약하고 자신의 의견을 이야기 하는 내러티브 기법으로 이야기해보도록 해주세요. 이는 아이들이 내용을 깊이 이해하고, 자신의 생각을 정리하는 데 큰 도움이 됩니다. 책을 읽은 후, 아이에게 자신의 의견이나 느낀 점을 이야기하도록 격려합니다. "이 인물의 행동을 보며 어떤 생각이 들었니?", "나라면 어땠을까?"라는 질문을 통해 아이들이 자신의 생각과 느낌을 이야기하도록 이끌어낼 수 있습니다.

발표 환경 만들기

가족이 모인 자리에서 아이가 책의 내용을 발표하는 시간을 만들어 주세요. 가족 앞에서 발표하는 것은 학교에서 발표할 때 자신감을 갖는 데 큰 도움이 됩니다.

자기의 생각과 의견을 표현하는 것, 특히 많은 사람들 앞에서 공식적으로 발표하는 경험은 아이들의 성장 과정에서 매우 중요합니다. 이러한 능력들은 가정에서 부모님이 책을 읽어주고, 질문을 던지며, 아이가 생각하고 대답하는 연습을 통해 길러질 수 있습니다. 이러한 노력이 아이들의 학습 효과를 높이고, 학교생활에 잘 적응할 수 있도록 도와줍니다. 버락 오바마(Barack Obama)는 "의사소통은 우리가 세상과 소통하는 방식이며, 우리의 가장 큰 자산이다"라고 말했습니다. 이는 말하기를 통한 의사

소통의 중요성을 강조하는 말로, 아이들이 자신감 있게 자신의 생각을 표현할 수 있도록 돕는 것이 얼마나 중요한지를 잘 보여줍니다. 부모님과 책을 읽으며 자기의 생각과 의견을 표현하는 경험은 학업에서뿐만 아니라, 더 나아가 삶의 여러 영역에서 세상과 소통하게 하는 자산이 되어줄 것입니다.

6장

소리 내어 읽고
마음에 새기는 음독법

소리 내어 읽기의 중요성

우리 선조들은 공부할 때 소리 내어 읽는 '음독법'으로 학습했습니다. 이 방법은 단순히 글을 눈으로 읽는 것과는 달리, 소리를 내어 반복하는 과정을 통해 기억력과 이해력을 강화할 수 있는 매우 효과적인 학습법입니다. 소리 내어 읽기, 즉 음독은 다양한 방식으로 학습 효과를 증진시킵니다. 정약용은 "독서는 소리 내어 읽는 것이 좋다. 이는 마음에 새겨지기 때문이다"라고 말하며 음독법의 중요성을 강조했습니다. 소리 내어 읽는 과정은 학습 내용을 더 깊이 내면화하는 데 큰 도움이 됩니다.

소리 내어 읽기의 효과

청각과 시각의 동시 자극

음독법은 시각과 청각을 동시에 자극합니다. 눈으로 글을 읽는 동시에 귀로 그 소리를 듣는 과정에서 정보가 더욱 효과적으로 뇌에 저장됩니다. 이중으로 감각 기관을 자극하는 것은 시냅스 연결을 강화하게 해서 기억력을 크게 향상시킵니다. 눈으로만 책을 읽는 것보다 소리 내어 책을 읽을 경우 더 기억에 오래 남는 것은 이러한 이유 때문입니다.

집중력 향상

소리 내어 읽는 과정에서는 한 단어, 한 문장에 더욱 집중하게 됩니다. 책을 읽으며 아이들은 '이러한 단어도 있었구나', '이런 상황에서는 이러한 단어를 사용하는 것이구나' 하며 자연스럽게 인식하게 됩니다. 이 과정은 자연스럽게 집중력을 높이며, 전두엽의 활동을 촉진함으로써 문제 해결 능력 또한 향상시킵니다. 소리 내어 읽는 동안 집중하게 되는 것은 단순히 단어와 문장의 의미를 이해하는 것뿐 아니라, 그 의미를 더 깊이 생각하고 숙고할 기회를 제공합니다.

언어 발달 촉진

저학년 학생들, 특히 남학생들은 어릴 때 여학생들에 비해 언어 발달이 다소 느릴 수 있습니다. 여학생들은 말을 많이 하는 소꿉놀이, 역할놀이 등을 하며 노는 반면, 남학생들은 말 없이 몸을 부딪히며 몸으로 노는 것을 좋아하기 때문입니다. 이때 소리 내어 읽기는 아이들에게 큰 도움이 됩니다. 소리 내어 읽으며 각 글자가 갖는 소릿값에 대해 정확하게 인식할 수 있습니다. 글을 읽을 때 이러한 학습 방법은 읽기 능력의 기초가 됩니다. 읽기를 통해 언어 능력을 강화하며, 이 과정에서 단어와 문장의 구조를 더 잘 이해하게 됩니다.

읽기 능력 향상

음독법은 읽기 속도와 정확성을 크게 향상시킵니다. 아이들이 눈으로만 책을 읽으면 문장 속에서 단어를 건너뛰고 읽거나, 조사를 생략하고 인식하는 등 정확하게 읽고 있는지 확인이 어렵습니다. 하지만 소리 내어 읽으면 아이들이 읽기에서 누락된 부분을 짚어줄 수 있습니다. 또한 읽기 방법을 교정해 줄 수 있어서 읽기의 정확성이 높아집니다. 더듬거리며 읽던 아이들도 점차 유창하게 읽게 되며, 이는 뇌의 언어 처리 영역을 활성화해서 독해력과 유창성을 높입니다.

어휘 능력 및 언어 구조, 문법 이해력 향상

소리 내어 읽기를 통해 어휘 인식 능력이 향상됩니다. 다양한 문맥에서 단어를 반복적으로 접하게 되면, 단어의 형태와 소리를 익히게 됩니다. 예를 들어 아이들은 이중받침이 있는 글자의 경우 어떻게 읽어야 할지 어려워하는 경우가 많습니다. 이 과정에서 복잡한 문법 구조와 언어 패턴을 자연스럽게 배우게 됩니다. 소리 내어 읽기는 특히 새로운 어휘와 문법을 익히는 데 매우 효과적입니다.

소리 내어 읽기 연습 방법

정약용의 음독법 적용 - 부모님과 함께 읽기

정약용의 음독법을 적용해서 아이가 읽은 내용을 부모님과 함께 소리 내어 반복해보세요. 부모님이 한 문장을 읽으면 아이가 한 문장을 읽도록 합니다. 익숙해지면 한 문단씩 늘려가며 읽게 합니다. 점차 실력이 늘면 부모님과 한 페이지씩 번갈아가며 읽도록 합니다. 이는 아이들이 글의 의미를 깊이 이해하고, 기억하는 데 도움이 됩니다.

책 속 등장인물을 정해서 대본처럼 읽기

아이와 함께 책 속 등장인물을 정해서 대사 부분을 대본처럼 읽어보세요. 이 방법은 단순히 눈으로 읽는 것보다 등장인물의 감정과 상황에 훨씬 더 깊이 몰입하게 하며, 이야기에 대한 이해도를 높입니다. 때로는 아이가 어느 부분을 읽어야 하는지 헷갈릴 수 있기 때문에 같이 읽어주는 부모님이 알려주어 원활하게 읽을 수 있도록 도움을 주는 것도 좋습니다.

'소리 내어 읽기'는 아이들이 학습 내용을 더 깊이 이해하고 내면화할 수 있도록 돕는 강력한 도구입니다. 또한 아이들의 집중력과 언어 능력을 향상시키고, 학습에 대한 자신감을 키워줍니다. 이를 통해 아이들이 책을 읽으며 얻은 지식과 감정을 마음속 깊이 새길 수 있도록 도와주세요. 부모님과 함께 하는 소리 내어 읽기 시간은 아이들에게 소중한 기억으로 남을 것입니다.

7장

생각하는 아이는 손 글씨도 다르다

글씨 쓰기 연습의 중요성

저학년 시기에는 손 글씨를 많이 연습하는 것이 매우 중요합니다. 현대 사회에서는 컴퓨터와 스마트폰의 사용이 늘어나면서 손 글씨의 중요성이 다소 간과되고 있습니다. 그러나 손 글씨 연습은 아이들의 뇌의 여러 영역을 동시에 자극해서 뇌를 활성화시키고 기억력과 사고력을 촉진해서 학습 효과를 높이는 데 큰 도움이 됩니다. 샬롯 메이슨은 "필사는 아이들의 지적 능력을 기르는 데 중요한 역할을 한다"라고 강조했습니다. 이는 글씨 쓰는 연습을 하는 것이 단순히 글씨 모양을 교정하는 것을 넘어서, 글의 의미를 이해하고 깊이 있게 사고하는 능력과 관련 있음을 의미합니다.

글씨 쓰기 연습의 효과

손 글씨는 뇌의 여러 영역을 동시에 활성화시킵니다. 글씨를 쓸 때 눈으로 글을 보고, 손으로 쓰면서 시각과 촉각을 동시에 자극합니다. 이중 자극은 뇌의 시냅스 연결을 강화해서 기억력을 향상시키며, 학습 내용이 더 오래 기억에 남도록 돕습니다. 손 글씨로 필기하면서 정보를 기록하면, 단순히 듣거나 보는 것보다 기억에 오래 남는 것은 이 때문입니다. 그래서 손으로 필기하며 수업을 들으면 아이들이 학습 내용을 더 잘 이해하고 기억하게 됩니다. 또 글을 쓰면서 생각을 정리하고, 논리적으로 표현하는 능력을 기르기 때문에 사고력 향상에도 크게 도움이 됩니다. 이와 같이 손으로 글씨를 쓰는 연습은 저학년 아이들이 논리적 사고를 시작하는 데 매우 중요한 역할을 합니다.

손 글씨 연습 방법

바른 연필 잡기 연습

저학년 때 아이들이 연필을 바르게 잡도록 도와주세요. 손의 힘이 약한 아이들은 연필을 잘못된 방법으로 잡기 쉽습니다. 엄지와 검지를 사용해서 연필을 잡고, 나머지 세 손가락을 연필 뒤에 받쳐줘야 합니다. 하지만 세 손가락으로 연필을 잡거나, 주먹을 준 형태로 연필을 잘못 잡는 경우가 많습니다. 이렇게 잘못된 습관이 형성되면 이후에 교정하기가 어렵습니다. 그렇기 때문에 입문기 초기에 연필 교정기를 사용해서 올바른 습관을 들이는 것도 효과적입니다.

한글 획순 연습

한글을 획순에 맞게 쓰는 연습을 하도록 도와주세요. 한글의 자모음을 오른쪽에서 왼쪽으로 쓰거나, 그림 그리듯이 쓰는 잘못된 습관이 있다면 바로잡아야 합니다. 올바른 획순을 따라 쓰는 연습은 글씨를 더 효율적으로 쓰고, 나아가 글씨의 가독성을 높이는 데 도움을 줍니다.

글씨 모양 연습

자음과 모음의 위치에 맞게 글씨를 예쁘게 쓰는 연습을 시켜주세요. 이는 글씨를 깨끗하게 쓰는 습관을 들이게 함으로써 글씨를 대충 쓰거나 흘려 쓰는 습관을 방지하는 데 도움이 됩니다. 아이들이 필기한 것을 보다 보면 아무리 봐도 무슨 내용인지 글씨를 못 알아보는 경우가 있습니다. 아이를 불러 뭐라고 쓴 건지 물어보면 본인도 못 알아볼 때도 있습니다. 이렇게 글씨를 흘려 쓰거나 대충 쓰게 되면 글씨 쓰는 것에 자신감도 없어지고 글쓰기도 싫어하게 됩니다. 글씨 모양은 '모음의 위치와 크기'에 따라 악필이 될 수도 명필이 될 수도 있습니다. 8칸, 10칸 쓰기 공책을 이용해서 글씨를 칸에 맞게 예쁘게 쓰도록 봐주세요.

필사 연습

매일 시간을 정해 필사 연습을 해보세요. 어떤 단어나 글이든 괜찮습니다. 글씨 쓰기 연습 자체에 의미가 있습니다. 시간을 정해놓고 글씨 쓰는 연습을 매일 하도록 도와주세요. 이렇게 글씨를 연습하다 보면 자연스럽게 맞춤법, 띄어쓰기, 철자 등을 익히게 되어 더욱 좋습니다. 또한 고학년이 되어 자신의 생각을 글로 풀어낼 때 글씨 쓰는 행위가 걸림돌이 되지 않도록 해야 합니다. 이런 연습이 이후에 좋은 글쓰기를 할 수 있는 주춧돌이 되어줍니다. 필사 연습은 저학년 때부터 습관화되어야 하며, 이후 좋은 글쓰기를 위한 주춧돌이 됩니다. 3학년 이후에는 글씨 자체가 아니라 글의 내용에 신경 써야 하기 때문에 연습할 시기를 놓치게 되고 맙니다. 필사를 할 때는 책을 읽고 난 뒤에 가장 마음에 드는 구절을 찾아 밑줄을 치고 그 문장을 따라 쓰게 합니다. 이것이 익숙해지면, 마음에 새기고 싶은 명장면을 찾아 본문의 내용을 한 문단, 한 페이지씩 늘려 필사해보도록 합니다.

〈책의 내용을 보고 공책에 따라 쓰기〉

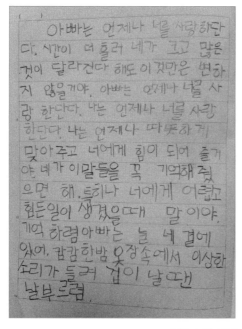

출처 : 저자 제공

8장

초등학생이 되었으니
책은 스스로 읽어야 할까?

너 책 읽을 줄 알잖아. 이제 네가 읽어

많은 부모님들이 유치원 시절에는 아이들에게 책을 열심히 읽어주다가 아이가 초등학교에 입학하고 한글을 깨우치면 책 읽어주기를 점점 멈추게 됩니다. 아이가 이제 스스로 책을 읽을 수 있다는 생각 때문입니다. 저도 유치원생 아이를 키우며 책을 많이 읽어줬는데요, 속으로 아이가 한글을 읽을 날을 얼마나 기다렸는지 모릅니다. 그리고 이제 더듬더듬 책을 읽기 시작하자 '드디어 해방이다. 이제 스스로 읽을 수 있겠지?'라는 생각을 하게 되었습니다. 그리고 책을 읽어달라는 아이의 요청에 "너 책 읽을 줄 알잖아. 이제 네가 읽어"라고 했습니다. 하지만 한글을 읽을 줄 안다고 해서 바로 책을 즐겁게 읽고, 그 내용을 이해할 수 있는 것은 아니었습니다.

책 읽기, 왜 아직도 부모님의 도움이 필요할까?

아이 혼자 문자를 해독해서 의미를 알고 재미를 느끼기까지는 많은 연습이 필요합니다. 예를 들어 영어를 배우기 시작했을 때를 생각해보세요. 파닉스를 익히고, 단어를 읽게 되고, 문장을 더듬더듬 읽게 되었지만 한 장을 다 읽어도 무슨 내용인지 알기 어려울 수 있습니다. 소리 내서 글자를 읽을 수는 있지만 책의 내용이 무슨 뜻인지 해석이 잘 되지 않기도 합니다. 또 한 문장, 한 문장 더듬더듬 읽고 이해한다고 해도 글밥이 많으면 까만 글씨에 마음이 짓눌려 책을 펴보기 싫기 마련입니다. 한글을 처음 배우는 우리 아이도 마음이 이러합니다. 한글을 읽게 되었지만 곧바로 책을 읽고 내용을 이해할 수 있는 것은 아닙니다. 한글을 읽을 수 있게 된 아이들에게도 부모님의 책 읽어주기는 여전히 중요합니다.

인지 신경과학자이자 교육 심리학자인 매리언 울프(Maryanne Wolf)는 자신의 저서인 《책 읽는 뇌》를 통해서 "인간의 뇌는 책을 읽도록 설계되지 않았다"라고 이야기합니다. 즉, 인간이 책을 읽는 것은 자연스러운 현상은 아니기에 아이들이 한글을 읽을 수 있더라도 곧바로 독서에 몰입할 수 있는 것은 아닙니다. 하지만 책을 꾸준히 읽으면 뇌의 신경회로가 독서에 최적화되도록 새로운 방식으로 재구성됩니다. 이렇게 독서에 최적화된 뇌는 지속된 독서로 인해 창조적 사고와 비판적 사고, 공감 능력이 더욱 개발됩니다. 따라서 아이들이 책을 통해 읽기의 즐거움과 생각하는 힘을 기를 때까지 인내를 가지고 지속적으로 돕는 것이 중요합니다. 어른들은 글자를 읽을 수 있게 된 것이 너무 오래 전 일이라 한글을 뗀 아이들이 책을 읽는 것 또한 자연스러운 일이라고 여기기 쉽습니다. 하지만 초기 입문기 아이들이 영상이 아닌 글자로 된 책이나 읽기물이 재미있다는 것을 알기까지는 부모님의 도움이 필요합니다.

그림책에서 글밥 있는 책으로의 도약

아이들이 유치원 시절에 읽던 그림책에서 벗어나, 글밥이 많은 책으로 넘어가는 것은 중요한 과정입니다. 하지만 많은 아이들이 그림이 적고 글씨가 많은 책을 거부하기도 합니다. 이럴 때 부모님의 역할이 매우 중요합니다. 책을 스스로 읽으려면 글밥이 많은 책에 적응할 수 있도록 서서히 돕는 과정이 필요합니다. 예를 들어, 비룡소의《나는 책 읽기가 좋아》시리즈나 좋은책 어린이의《저학년 문고》시리즈는 그림책에서 글밥이 있는 책으로 넘어가는 데 적합한 책들입니다. 이런 책들은 글밥이 많아도 흥미로운 이야기와 적절한 그림이 있어, 아이들이 큰 부담 없이 읽을 수 있습니다.

하루 15분, 한 챕터씩 읽어주기

도서관이나 서점에 가서 아이에게 읽고 싶은 책을 골라오도록 해주세요. 그리고 하루 15분씩, 한 챕터씩 정해진 분량만큼 읽어주세요. 그동안 컬러로 된 그림책만 즐겨 봤는데, 그림이 흑백으로 되어 있거나, 그림이 없이 글씨만 빼곡하게 차 있는 면도 있어 아이들이 낯설고 거부감이 드는 마음을 이해해주세요. 성장할 때는 어려움이 있습니다. 이때 아이가 읽기 싫어할 수 있는 긴 글밥 책도 부모님이 재미있게 읽어주면 흥미를 느끼게 됩니다. 성장 과정에서는 새로운 도전을 받아들이는 것이 중요하며, 부모님이 이 과정을 즐겁게 도와주시면 아이도 자연스럽게 따라오게 됩니다. 아이들이 성장하면서 그림책을 좋아하던 시절을 넘어 글밥이 많은 책으로 전환하도록 돕는 것은 부모님의 인내와 노력이 필요한 일입니다. 하지만 꾸준히 도와주시면, 어느새 아이가 스스로 책을 읽으며 독서의 즐거움을 느끼는 모습을 보게 될 것입니다.

4부

....

책 읽기를 좋아하게 만드는
초등 책 육아 로드맵(중학년 편)

1장

중학년 아이들의 특징

3학년 공부가 평생을 좌우한다?

초등학교 과정은 크게 저학년(1~2학년), 중학년(3~4학년), 고학년(5~6학년)으로 나뉩니다. 각 단계마다 학생들의 발달 특징과 교육의 중점 사항이 다르기 때문에 부모님은 각 학년에 맞는 접근 방법을 이해하는 것이 중요합니다. 저학년은 입문기로 손동작이 서툴고, 집중력이 짧기 때문에 대부분 놀이를 통해 학습하게 됩니다. 하지만 1~2학년 때와 달리 3학년부터는 학교에서 교과서의 내용이 한층 더 어려워집니다. '3학년 때 ○○가 결정된다', '3학년 때 ○○가 가장 중요하다'라는 제목의 책들이 나오는 것도 그러한 이유입니다.

1~2학년 때는 '봄', '여름', '가을', '겨울'과 같은 통합교과 속에서 사회와 과학을 활동 중심으로 배웁니다. 주제와 관련해서 노래도 불렀다가, 신체활동도 했다가, 글씨도 써봅니다. 아이들이 쉽고 재미있게 주변 자

연환경에 대한 경험을 통해 배울 수 있도록 하지요. 그러다 3학년이 되면 좀 더 체계적으로 교과를 배우게 됩니다. 과목도 사회, 과학, 음악, 미술 체육으로 나뉩니다. 과목도 늘어나고, 교과서도 한층 두꺼워집니다. 교과서의 양도 늘어나고, 내용도 어려워집니다. 또 교과서 속에서 평소 생활 속에서 쓰지 않는 전문 어휘들을 많이 접하게 됩니다. 이러한 이유들로 아이들은 3학년이 되면 심리적으로 더 어렵다고 느끼게 됩니다.

초등학교 사회과정을 예를 들면 나선형 교육원리와 환경확대법에 따라 '나'로부터 시작해 점진적으로 주제를 확대해서 배우게 됩니다. 1~2학년 때 '나와, 이웃, 가정'에 대해 배웠다면, 3~4학년 때는 '우리 고장, 지역'에 대한 내용을 배우고, 5~6학년 때는 '우리나라의 지리, 역사, 경제, 정치와 세계'에 대해 주로 배우게 됩니다. 학년이 올라가며 추상적인 개념과 생소한 단어를 접하는 몇몇 아이들은 무슨 말인지 모르겠고 관심도 없다는 반응을 보입니다. 적극적으로 눈을 빛내던 아이들이 책에 낙서나 하며 자신감 없이 질문에 대해 "몰라요"라고 대답해서 안타까운 마음이 들기도 합니다.

아이들에게 학습 내용과 '관계'를 맺어주세요

이런 아이들에게 필요한 것은 학습 내용과 '관계'를 맺어주는 것입니다. 교과서에 나오는 주제나 단어들이 나와 관련이 없는 것이 아니라 추억이 있고, 경험해봤으며, 말할 이야기가 있도록 소개시켜주는 것이지요. 아이들은 자기가 경험한 내용이 나오면 엉덩이를 들썩이며 손을 들고 이야기하고 싶어 합니다. 내가 아는 내용이 나오면 쉬는 시간에라도 선생님께 나와서 이야기하고 싶어 하지요. 3~4학년 사회 시간을 예로 들면 '공공기관', '고장', '문화유산'에 대한 내용을 가지고 '예상하기', '조사하기', '소개하기' 등의 활동을 하며 학습합니다. 이때 이것과 관련된 즐거운 경험을 하는 것이 좋습니다. 교과서에 나온 곳을 직접 방문해보거나 찾아보는 것도 좋은 방법입니다. 그러나 시간이 여의치 않거나 직접 경험하기 힘든 경우가 많지요. 그럴 때 관련된 책을 읽어주는 것은 짧은 시간 안에 경험할 수 있는 최고의 방법입니다. 배경 지식을 넓혀줄수록 아이들은 지적 호기심이 더 많아집니다. 이 나이대 아이들은 지적 호기심이 왕성해서 새로운 사실을 아는 것 자체를 즐거워합니다. 꼭 책이 아니더라도 지역에서 발행되는 소식지나 관련 간행물 등을 읽고 정보를 습득하는 것도 좋습니다.

배경지식이 학습에 미치는 효과

대니얼 T. 윌링햄(Daniel T. Willingham)의 책 《왜 학생들은 학교를 좋아하지 않을까?》에서는 배경지식의 저변을 늘리는 것이 학습에 매우 효과적이라는 점을 강조하고 있습니다. 저자는 배경지식이 풍부하면 새로운 정보를 접할 때 더 쉽게 이해할 수 있고, 추론 능력이 향상되며, 학습 동기가 유발된다고 이야기합니다. 예를 들어 '우리 고장의 문화재'에 대해서 배울 때, 직접 부모님과 함께 그곳을 방문했거나, 관련된 책이나 자료를 통해 지식을 접한 아이들은 학습에 대한 흥미도가 높습니다. 자신이 보고 들었던 내용을 구체적으로 배우기 때문에 학습에 대한 자신감이 높고 이는 학습에 대한 호기심으로 이어집니다. 또 기존 지식과 새로운 정보를 연결할 수 있어 학습이 더 효과적으로 이루어집니다. 이처럼 배경지식을 늘리는 것은 학생들이 교과 내용을 더 잘 이해하고 기억하는 데 큰 도움이 됩니다. 학생들이 새로운 정보를 배울 때 배경지식과 연관 지어 생각할수록 기억이 강화됩니다. 반대로 배경지식이 빈약한 학생일수록 교과 내용에 대한 흥미도가 떨어지고, 새로운 개념을 이해할 때 어려워합니다.

배경지식을 넓히기 위한 방법

배경지식을 넓히기 위해 부모님들은 다음과 같은 방법을 통해 자녀를 도울 수 있습니다.

다양한 독서 경험 제공

다양한 주제의 책을 읽도록 권장하고, 아이들이 흥미를 느끼는 분야에 대한 책을 읽어주는 것이 좋습니다. 이는 교과에 대한 배경지식을 넓히고 학습에 대한 흥미를 증가시킵니다.

실생활과 연관된 학습

일상생활에서 접하는 다양한 경험을 학습과 연결지어 설명해주세요. 예를 들어, 요리할 때는 과학과 수학 개념을 설명하고, 여행 중에는 역사와 지리를 이야기하는 것이 좋습니다.

질문과 토론 유도

자녀가 읽은 책이나 경험한 것들에 대해 질문하고 이야기하도록 해주세요. 또 다양한 주제로 토론해보도록 부모님들이 아이들에게 질문도 던져보세요. 이는 아이들이 생각을 정리하고, 배운 것을 깊이 있게 이해하는 데 도움이 됩니다.

배경지식을 확장하는 것은 단순히 많은 정보를 암기하는 것이 아니라, 새로운 정보를 이해하고 적용하는 능력을 키우는 데 매우 중요한 요소입니다. 이를 통해 아이들은 학습에 대한 자신감을 갖게 되고, 학교생활도 더 즐겁고 의미 있게 받아들일 수 있습니다.

3~4학년 사회, 과학 교과와 관련된 도서 목록

초등학교 3~4학년 사회, 과학 교과서에 나오는 내용과 관련된 책들을 추천합니다. 이러한 책들은 아이들의 배경지식을 넓혀주고, 과학적 사고를 키우며, 다양한 분야에 대한 이해를 넓히는 데 도움이 됩니다.

TIP. 3~4학년 사회 과학 교과 배경 지식을 넓히는 데 도움되는 책

	제목	저자	출판사	내용
1	맛있는 과학 (36 지구와 달)	정효진	주니어 김영사	지구의 모양, 지구의 자전과 공전, 태양과 지구, 달의 관계 등을 쉽게 설명해줍니다.
2	처음 만나는 사람의 몸 동물의 몸	이상권	한권의책	사람의 몸과 수많은 동물의 몸에 대해 알게 되어 몸이 얼마나 소중한 것인지 깨닫게 합니다.
3	흙 속의 작은 우주	앨빈 실버스타인, 버지니아 실버스타인	사계절	흙 속에 사는 수많은 생명들에 대해서 관심을 갖게 합니다.
4	날씨 구름에서 엘니뇨까지	라이너 슈타이스	웅진 주니어	날씨에 대한 여러 궁금증을 조목조목 풀어줍니다.
5	교과서 속 생활 과학 이야기	책빛편집부	책빛	우리 조상들의 지혜와 슬기가 담긴 생활 모습을 엿볼 수 있습니다.
6	그래서 이런 법이 생겼대요	우리누리	길벗스쿨	옛날의 법, 우리나라의 법, 국제법 등 법에 얽힌 여러 지식을 알 수 있습니다.
7	한입에 쏙	알렉산드라 미지엘린스카, 다니엘 미지엘린스키	꿈꾸는섬	세계 여러 나라의 문화, 역사, 지리적 특징과 음식을 소개해서 나라들에 대한 배경지식을 제공합니다.
8	10원으로 배우는 경제 이야기	미셀르뒤크, 나탈리토르지만	영교출판	어린이들이 꼭 알아야 할 경제 상식을 쉽고 재미있게 설명합니다.
9	10대들을 위한 나의 문화유산 답사기	김경후	창비	한국의 문화유산을 답사하며 역사적 의미와 중요성을 배울 수 있게 해줍니다.
10	정치 좀 아는 어린이	이영란	풀과바람	재판, 선거, 정부에 대해 아이들의 언어로 쉽게 소개합니다.

4부. 책 읽기를 좋아하게 만드는 초등 책 육아 로드맵(중학년 편) **143**

2장

중학년 때 책을
효과적으로 읽는 방법

　　초등학교 3~4학년은 아이들이 독서 습관을 형성하고 문해력을 키우는 중요한 시기입니다. 이 시기에 부모님들이 아이들에게 책 읽는 방법을 효과적으로 지도한다면, 아이들은 글을 이해하고 표현하는 능력을 크게 향상시킬 수 있습니다. 다음에서는 초등학교 3~4학년 국어 교과서의 성취 기준에 맞추어, 아이들이 책을 효과적으로 읽을 수 있는 방법을 소개하고자 합니다.

중학년 국어 교육의 성취 기준이 무엇일까?

　　2015 교육과정에서 국어과 교육 성취 기준은 학생들이 국어를 효과적으로 사용하고, 언어적 소양을 기르는 데 중점을 둔 목표들을 명시합니다. 이 성취 기준은 각 학년에서 학생들이 학습해야 할 구체적인 내용

과 역량을 다룹니다. 따라서 이러한 목표를 이해하고 아이들에게 책을 읽어준다면 국어 능력을 체계적으로 발전시키는 데 도움이 됩니다.

〈3~4학년 국어과 교육의 성취 기준 예시〉

> [4국01-05] 내용을 요약하며 듣는다.
> [4국02-01] 문단과 글의 중심 생각을 파악한다.
> [4국02-03] 글에서 낱말의 의미나 생략된 내용을 짐작한다.
> [4국03-01] 중심 문장과 뒷받침 문장을 갖추어 문단을 쓴다.
> [4국04-01] 낱말을 분류하고 국어사전에서 찾는다.

들은 내용을 한 문장으로 요약하기

아이들과 책을 읽으면서 요약하기는 흥미로운 책 읽기 방법입니다. 한 장씩 읽고 나서 "이 장에서 가장 중요한 인물은 누구인 것 같아?", "이 장에서 가장 중요한 사건은 뭐였니?" 하고 물어봅니다. 아이들은 생각나는 인물도 이야기하고, 중요한 인물이 누구인지 찾아낼 수 있습니다. 읽으면서 재미있던 사건들도 이야기할 수 있고, 내용의 핵심이 되는 사건을 이야기할 수도 있습니다. 또 읽으면서 중요한 인물에는 동그라미를 치고, 중요한 사건에는 밑줄을 치면서 읽는 것도 좋습니다. 책을 다 읽고 난 후에는 "앞에서 표시해두었던 중요한 인물과 사건을 이어서 한 문장으로 이야기해 볼까?" 하고 제안합니다. 자신이 동그라미 치고 밑줄 쳤던 부분을 연결해서 읽다 보면 글의 주제가 무엇인지 파악하며 읽게 됩니다.

이러한 책 읽기 방법은 책의 핵심 내용을 파악하는 데 도움을 줍니다. 중요한 내용을 정리하는 과정은 단순해보이지만, 아이들이 글의 주제와 중심 생각을 명확히 파악하는 능력을 길러줍니다.

문해력 성장의 지름길, 단어 사전찾기

책을 읽다가 모르는 단어가 나오면 어떻게 해야 할까요? 처음에는 부모님이 문맥상 이어지도록 비슷한 단어의 뜻이나 내용을 이야기해주셔도 좋습니다. 만약 어려울 경우에는 일단 체크 표시를 하고 넘어갑니다. 그리고 한 장을 다 읽은 후에 이 단어가 무슨 뜻일지 다시 한번 앞뒤 내용을 보고 알아맞히도록 합니다. 비슷한 단어로 바꿀 수 있는 단어, 또이 단어와 반대되는 뜻은 무엇일지 추측해보도록 합니다. 그리고 국어사전을 같이 찾아봅니다. 사전을 찾아보면 얻게 되는 정보가 많습니다. 정확한 사전의 정의와 뜻을 알게 될 뿐 아니라 품사가 무엇인지, 기본형과 활용되는 단어가 무엇인지도 알 수 있습니다. 또 유의어와 반의어의 뜻도 파악하며 예시를 통해 실생활에서 어떻게 활용되는지도 알 수 있습니다. 이처럼 모르는 단어를 찾아봄으로써 해당 어휘를 보다 풍부하게 이해할 수 있게 되고, 활용하는 문장도 알게 되어 어휘력 향상에 유익합니다.

독서 일기 쓰기

아이들이 책을 효과적으로 읽도록 하기 위해서 책을 읽은 후에 독서 일기를 쓰도록 도와주세요. 독서 일기는 하루 중에 읽었던 책의 내용을 중심으로 자신의 생각이나 느낌을 자유롭게 쓰는 글쓰기입니다. 책의 줄거리, 등장인물, 인상 깊었던 부분, 배운 점 또는 깨달은 점, 적용해 볼 부분 등을 적어볼 수 있습니다. 이를 통해 아이들은 글쓰기 능력을 키울 수 있고, 책의 내용을 자신의 삶에서 더 깊이 있게 이해하게 됩니다. 아이들이 독서 일기를 쓸 때 부모님이 댓글로 아이가 쓴 글에 의견을 적어주세요. 부모님의 댓글은 아이가 글을 쓰는 데 흥미를 갖게 하며, 지속적으로 글을 쓰는 원동력이 되어 줍니다. 또 부모님의 질문이나 책에 대한 의견은 아이의 사고력을 더욱 발전시킬 수 있습니다. 이 과정을 통해 아이들은 책을 더 깊이 이해하고, 표현하는 능력도 키우게 됩니다.

중학년 때 책을 효과적으로 읽기 위해서는 단순히 책을 읽는 것을 넘어 내용을 요약하고, 단어를 이해하며, 자신의 생각을 글로 표현하는 활동이 중요합니다. 부모님이 위의 방법들을 활용해서 아이와 함께 책 읽기를 해주신다면, 아이들은 문해력과 표현력을 동시에 향상시킬 수 있을 것입니다. 매일 일정한 시간에 아이들과 함께 다양한 방법으로 책을 읽고, 생각을 확장시켜 나가도록 도우며, 아이들이 책 읽기에 흥미를 잃지 않도록 하는 것이 중요합니다.

〈독서 일기장 예시〉

오늘 읽은 책		날짜	
작가		평점	☆☆☆☆☆
글의 내용을 요약하거나 가장 기억에 남는 문장을 따라서 써보세요!			
책을 읽고 난 후, 느낀 점을 써봅시다! (3문장 이상)			
부모님의 답변			
나의 답변			

출처 : 저자 제공

3장

내 아이의 고전 문학 독서,
어떻게 시작해야 할까?

아이들은 성장하면서 다양한 책을 읽고 경험하게 됩니다. 특히 초등학생 시절은 독서 습관이 형성되는 중요한 시기입니다. 이 시기에 어떤 책을 읽느냐에 따라 아이들의 사고력과 상상력, 정서 발달이 크게 좌우됩니다. 이러한 시기에 고전 문학을 접하게 하는 것은 매우 유익한 선택입니다. 고전 문학 작품들은 오랜 시간 동안 많은 사람들에게 사랑받아온 도서들로, 시대를 초월한 지혜와 감동을 담고 있습니다. 그러나 아이들에게 고전 문학을 어떻게 권해야 할지 고민이 많으실 것입니다. 다음에서는 초등학교 학부모님들께 아이들이 고전 문학을 잘 접할 수 있도록 도와주는 방법에 대해 소개하고자 합니다.

완역본과 축약본, 무엇이 좋을까요?

고전 문학 작품들은 다양한 번역본으로 출간되어 있습니다. 이 중에서도 가장 많이 고민하는 부분이 바로 완역본과 축약본 중 어떤 것을 선택해야 하는가입니다.

완역본

완역본은 원작을 최대한 충실하게 번역한 것으로, 작가의 문체와 문장, 작품의 깊이와 의미를 그대로 전달하는 장점이 있습니다. 하지만 대부분의 완역본은 언어가 어렵게 느껴지며 분량이 많습니다. 소설의 경우 보통 400~500페이지 정도고, 책에 따라 800~1,000페이지를 넘는 책도 많아서 초등학생들이 접근하기에 다소 어려울 수 있습니다.

축약본

축약본은 아이들의 수준에 맞게 원작을 재구성한 것입니다. 청소년용으로 300~400페이지로 된 책부터 어린이들의 눈높이에 맞게 200페이지 이하로 된 책도 있습니다. 또 유아동도 볼 수 있도록 40페이지 이하로 나온 그림책들도 있습니다. 이야기를 이해하기 쉽도록 간결하게 만들어져 있어 진입 장벽이 낮다는 장점이 있지만, 원작이 담고 있는 깊이와 문학적 아름다움을 충분히 전달하기에는 한계가 있습니다. 따라서 축약본을 읽은 후, 아이가 성장하면서 완역본으로 다시 도전해보는 것도 좋은 방법입니다.

개인적으로는 아이들이 고전 문학의 진정한 매력을 느낄 수 있도록 완역본을 추천하지만, 아이의 수준과 흥미를 고려해서 축약본으로 시작해도 좋습니다. 아이의 수준에 맞지 않게 너무 완역본 책만 고집한다면, 어려워서 아예 읽지 않거나 책과 멀어지는 경우도 생길 수 있습니다. 그러한 경우에는 아이들의 수준과 흥미도에 따라서 끊임없이 책과 가까워지도록 도와주는 것이 더 중요하다고 생각합니다. 몸에 좋은 채소를 생으로 먹는 것이 제일 좋지만, 잘 먹지 않는 아이에게 주기 위해 다양한 방법으로 요리하듯이, 아이의 수준과 흥미에 맞춰서 책을 읽어주시는 것이 좋습니다. 중요한 것은 아이가 책을 흥미롭게 읽고, 점차적으로 더 깊이 있는 책으로 나아갈 수 있도록 도와주는 것입니다. 처음부터 너무 어려운 책을 강요하면 독서에 대한 흥미를 잃을 수 있기 때문에 완역본을 읽겠다는 목표를 가지고 서서히 난이도를 높이는 것이 좋습니다.

고전 문학에 대한 흥미를 높이는 방법

고전 문학은 그 시대의 배경, 문화, 인물들이 오늘날과는 다르기 때문에 아이들이 처음 접할 때 다소 생소하고 어려워할 수 있습니다. 고전 문학에 나오는 시대가 지금과 많이 다르고, 문화적 배경도 다르다 보니 쉽게 이해하기 어렵습니다. 또 등장인물의 이름이 길고 낯설어서 누가 누구인지 헷갈려 시작하기도 전에 쉽게 지치거나 포기할 수 있습니다. 하지만 아이 스스로 읽기는 힘들어 해도 같이 읽다 보면 어렵고 두꺼워 보였던 책도 읽을 수 있습니다. 부모님들께서 아이에게 고전 문학 작품을 읽히실 때 함께 읽어주시며 잘 시작할 수 있도록 길을 터주세요.

인물 관계도 그리기

고전 문학 작품에는 많은 등장인물이 나오기 때문에 아이들이 헷갈려할 수 있습니다. 책을 읽으면서 주요 인물들의 관계를 그림으로 그려보는 것도 좋은 방법입니다. 이는 아이들이 이야기를 이해하고 기억하는데 큰 도움이 됩니다.

시대적, 문화적 배경지식 더해주기

고전 문학 작품의 시대적, 문화적 배경에 대해 미리 간단히 설명해주는 것도 중요합니다. 예를 들어 《80일간의 세계일주》를 읽기 전에 배경이 되는 1800년대 후반 영국 사회와 배를 타고 항해하며 모험을 했던 인도와 미국 등 당시 분위기에 대해 이야기해주는 것이 도움이 됩니다. 이는 아이들이 작품을 더 깊이 이해하고 몰입하는 데 큰 역할을 합니다.

"쥘 베른(Jules Verne)의 《80일간의 세계일주》는 주인공 필리어스 포그(Phileas Fogg)가 80일 동안 세계 여러 나라를 여행하는 이야기야. 그 여행에는 영국, 인도, 미국 같은 나라들이 나오는데, 이 나라들이 1800년대 후반에 어떤 모습이었는지 설명해줄게.

영국은 그 당시 '해가 지지 않는 나라'라고 불릴 만큼 전 세계에 많은 땅을 가지고 있었어. 왜 그랬냐 하면, 영국은 많은 나라를 식민지로 삼았고, 전 세계에서 물건을 사고파는 무역도 아주 잘했거든. 또 산업혁

명 덕분에 공장도 많고, 기차와 배 같은 이동 수단도 발달했어. 그래서 포그 아저씨가 세계를 빠르게 여행할 수 있었던 거야. 영국 사람들은 시간을 아주 중요하게 생각했어. 그래서 포그 아저씨도 '시간을 잘 지키는 신사'로 그려졌지. 그가 80일 안에 세계를 여행할 수 있을지 도전하게 된 것도 이런 영국 사람들의 성격을 잘 보여주는 부분이야.

인도는 그 당시 영국의 식민지였어. 영국은 인도를 통치하면서 인도의 많은 자원을 가져갔지. 그런데 영국이 인도에 기차를 깔아서 포그 아저씨 같은 여행자들이 더 쉽게 이동할 수 있게 되었어. 하지만 기차가 모든 지역을 연결하지는 못했기 때문에, 포그 아저씨가 인도를 여행할 때 코끼리를 타고 이동하기도 해. 또한 인도에는 힌두교와 같은 전통적인 문화가 있고, 영국의 통치 방식과 인도의 전통이 섞여 있는 독특한 모습을 보여주고 있어. 포그 아저씨는 인도에서 한 여인을 구해내기도 하고, 모험 가득한 시간을 보내지.

미국은 서쪽으로 점점 넓어지고 있었던 시기였어. 사람들이 동쪽에서 서쪽으로 이동하면서 새로운 땅을 찾아가는 것을 '서부 개척'이라고 불렀지. 그런데 미국은 엄청나게 큰 나라라서, 먼 곳까지 이동하려면 시간이 많이 걸렸어. 그래서 사람들은 '대륙 횡단 철도'를 만들었어. 이 철도 덕분에 동부에서 서부까지 기차를 타고 빠르게 이동할 수 있었지. 그 당시에 이 넓은 곳에 굉장히 많은 들소들과 원주민들이 살고 있었는데, 그렇게 개발되면서 들소들이 자취를 감추었어. 또 원주민들도 삶의 터전을 잃고 점차 내몰리게 되었지. 포그 아저씨도 미국에서 이 기차를 타고 서부를 통과해서 여행했어. 그런데 미국 서부는 그때까지도 조금 무법자들이 많아서 기차 강도 사건이 종종 있었대. 책에서도 포그 아저씨가 이런 위험한 상황을 겪지.

이렇게 영국, 인도, 미국은 포그 아저씨가 여행하는 중요한 나라들이었고, 그 당시 각각의 나라들이 어떤 상황에 있었는지를 알면 이야기가 더 재미있게 느껴질 거야!"

함께 읽기

아이와 함께 고전 문학을 읽는 시간은 매우 중요합니다. 부모가 아이와 함께 책을 읽으며 중요한 부분에서 설명을 해주고, 아이의 질문에 답해주면서 고전 문학의 깊이 있는 내용을 자연스럽게 전달할 수 있습니다. 한 권의 책을 부모와 아이가 한 페이지씩 번갈아가며 읽거나, 매일 정해진 시간에 한 챕터씩 함께 읽는 것도 좋은 방법입니다.

고전 문학 책 선택하기(단권 vs 전집)

아이들이 서점에서 책을 한 권씩 골라 보는 즐거움을 느끼며 기대감을 갖고 구입하는 것도 좋습니다. 하지만 시간이 없으실 때 좋은 책을 선별해놓은 전집을 가성비 있게 구입하시는 것도 좋은 방법이 될 수 있습니다. 요즘에는 중고 도서로 구입하는 방법이나 전집을 대여하는 업체도 많아서 다양한 방법을 이용해서 구매하실 수 있습니다. 하지만 "전집으로 샀으니 혼자 읽어봐라" 하면서 전집 채로 사서 두꺼운 책을 아이들에게 던져 주시면 아이들은 부담을 느끼고 읽기 어려워합니다. 함께 읽어주세요. 책 한 권을 한 달에 걸쳐서 한 챕터씩 조금씩 읽어주셔도 좋습니다. 또 아이들과 번갈아가면서 읽는 것도 좋습니다. 적은 분량의 고전 책부터 천천히 읽기 시작하면 많은 분량의 책도 두려움 없이 읽어나갈 수 있습니다. 고전 문학 전집은 아이들에게 체계적으로 고전 작품을 접하게 할 수 있는 좋은 방법입니다. 그러나 전집을 선택할 때도 아이의 연령과 독서 수준에 맞는 전집을 고르는 것이 중요합니다.

고전 문학 전집 선택하기

1. 4~7세 : 고래의 숲, 《세계문학 그림책》

유아와 어린이들을 위한 그림책 형식으로 구성되어 있습니다. 아름다운 삽화와 간단한 문장으로 구성되어 있어, 어린 아이들에게도 쉽게 고전 문학을 접하게 하고 노출 시킬 수 있다는 장점이 있습니다. 하지만 엄청나게 많은 고전 문학의 내용을 그림책으로 표현하려다 보니 줄거리가 다소 많이 축약되어 있다는 특징이 있습니다. 고전 문학 내용을 쉽게 접하고 싶은 아이들과 부모님들이 좋아할 것 같은 책입니다.

2. 초등 저학년~중학년 : 미래엔, 《아이세움 NEW 논술 명작》 / 지경사, 《프리미엄 세계 명작》

초등학교 저학년 아이들을 위한 전집으로 쉬운 문장과 흥미로운 이야기로 구성되어 있습니다. 다양한 장르의 고전 문학을 포함해서, 아이들이 여러 가지 이야기를 접할 수 있습니다. 만화 같은 삽화와 간단한 해설을 포함하며, 질문지도 포함되어 있어 아이들이 책을 쉽게 이해하고 즐길 수 있습니다.

3. 초등 고학년~청소년 : 비룡소,《클래식》/ 시공주니어,《네버랜드 클래식》

초등학교 고학년 아이들부터 청소년기 아이들을 위한 전집으로 깊이 있는 내용으로 구성되어 있습니다. 문학적 가치가 높은 작품들을 포함하며, 문학의 아름다움을 느낄 수 있도록 도와줍니다.

4. 청소년~성인 : 문예,《세계문학선》/ 민음사,《세계문학전집》/ 열린책들,《세계문학 시리즈》

중학생 이상의 청소년과 성인을 대상으로 깊이 있는 작품들로 구성되어 있습니다. 원작을 충실히 번역한 완역본이 주를 이루어, 원작의 문학적 가치를 그대로 전달합니다. 세계 문학의 정수를 담은 고전 작품들로 구성되어 있으며, 문학적, 역사적 배경을 이해하는 데 도움이 됩니다.

고전 문학은 시대를 초월한 지혜와 감동을 담고 있어, 아이들이 인생에서 중요한 가치와 교훈을 배울 수 있습니다. 또한 문학적 아름다움을 경험하고, 언어 감각을 기를 수 있으며, 다양한 시대와 문화를 이해하는 데 큰 도움이 됩니다. 아이가 부담 없이 고전 문학을 접할 수 있도록, 정해진 시간에 책을 읽어주세요. 처음에는 짧은 분량부터 시작해서 점차 늘려가는 것이 좋습니다. 고전 문학은 아이들의 사고력과 정서 발달에 큰 도움이 되며, 평생 성장할 수 있는 밑거름이 되어줍니다.

4장

모험과 탐험의 세계로! 고전 문학 시작하기

모험과 판타지가 가득한 책들

초등학교 3~4학년은 아이들의 상상력과 호기심이 풍부해지는 시기입니다. 이 시기의 아이들은 새로운 세계로 떠나는 모험을 상상하며 책 속에서 환상적인 경험을 즐깁니다.《해리포터》시리즈와 같은 판타지 소설이 큰 인기를 끄는 것도 이 시기의 아이들이 이런 이야기에 매력을 느끼기 때문입니다. 특히 모험을 좋아하는 아이들은 새로운 미지의 세계로 탐험을 떠나거나, 무인도에 떨어져 고난을 극복하고 생존하는 이야기에 깊이 빠지게 됩니다. 아이들은 책을 통해 두려움을 극복하고, 어려움을 해결할 지혜를 배우게 됩니다. 신비로운 세상을 탐험하는 내용의 책들은 항상 아이들의 마음을 두근거리게 합니다. 책 내용이 두꺼워서 '내가 과연 이걸 읽을 수 있을까?' 하고 생각하던 친구들도 책을 읽다 보면 내용에 푹 빠지게 되지요. 이 시기의 아이들에게는 비교적 쉽게 접근할 수 있는 짧고 재미있는 고전 문학부터 소개해주시는 것이 유익합니다.

각 도서의 구체적인 적용 방법

1.《오즈의 마법사》 - 프랭크 바움(Frank Baum)

《오즈의 마법사》는 초등학생에게 친숙한 이야기로, 도로시가 오즈의
땅에서 겪는 모험을 다룹니다. 이 책을 읽은 후, 도로시의 여정을 따라가
며 주요 사건과 인물을 정리해보는 활동을 해보세요. 아이들과 함께 오
즈의 마법사를 주제로 보드게임을 만들어보는 것도 흥미로운 방법입니
다. 도로시가 만나는 각 인물들의 특성과 그들의 역할을 생각하며 보드
판을 구성해보세요. 이런 활동은 책의 내용을 더 깊이 이해하게 하고, 창
의력도 함께 키워줍니다.

〈아이들이 직접 만든 보드게임판〉

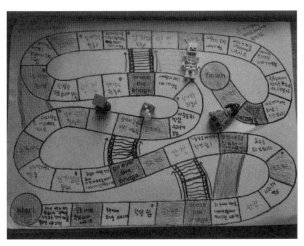

출처 : 저자 제공

2. 《꿀벌 마야의 모험》 - 발데마르 본젤스(Waldemar Bonsels)

《꿀벌 마야의 모험》은 꿀벌 마야가 여러 모험을 통해 성장하는 이야기를 담고 있습니다. 이 책을 읽은 후, 꿀벌의 생태와 행동에 대해 더 깊이 이해할 수 있도록 다큐멘터리를 함께 시청하세요. 또한 아이들과 함께 꿀벌 그림을 그리거나, 꿀벌 관련 만들기 활동을 진행해보세요. 이러한 활동을 통해 자연과 생태에 대한 이해를 높일 수 있습니다.

3. 《피노키오》 - 카를로 콜로디(Carlo Collodi)

《피노키오》는 나무 인형 피노키오가 거짓말을 하면서 겪는 여러 가지 모험을 다룹니다. 이 책을 읽은 후, 아이들과 함께 거짓말의 의미와 그 결과에 대해 이야기를 나눠보세요. 또한 정직의 가치를 이해할 수 있도록 관련된 활동을 계획해보는 것도 좋습니다. 예를 들어 아이들에게 하루 동안 거짓말을 하지 않고 솔직하게 행동하는 도전을 해보게 하고, 그 경험에 대해 이야기 나누는 시간을 가져보세요.

4. 《피터팬》 - 제임스 매튜 배리(James Matthew Barrie)

《피터팬》은 네버랜드라는 신비로운 세계에서 벌어지는 모험 이야기입니다. 책을 읽은 후, 아이들과 함께 네버랜드를 상상하며 그려보는 활동을 해보세요. 피터팬이 가진 특성과 용기에 대해 이야기 나누면서, 용기와 모험심이 무엇인지 생각해보게 할 수 있습니다. 또한 상상 속의 세계를 그림이나 글로 표현하는 연습도 해보세요.

5. 《정글북》 - 루디야드 키플링(Rudyard Kipling)

《정글북》은 정글에서 자란 소년 모글리의 모험 이야기를 다룹니다. 책을 읽은 후, 책에 등장하는 곰, 표범, 뱀, 원숭이 등 정글 속 동물들의 특징과 생태를 조사해보는 활동을 해보세요. 이를 통해 아이들이 자연과 동물에 대한 호기심을 키울 수 있습니다. 또한 아이들과 함께 동물원 방문 계획을 세워 실제 동물들을 관찰하고 그들의 행동을 비교해보는 것도 좋은 경험이 될 것입니다.

6. 《아서왕 이야기》 - 토머스 맬러리(Thomas Malory)

《아서왕 이야기》는 중세 시대의 기사와 관련된 이야기를 담고 있습니다. 이 책을 읽은 후, 아이들과 함께 중세 기사와 관련된 역사적인 사실을 조사해보는 활동을 할 수 있습니다. 성곽 모형을 만들거나, 중세 시대의 기사들의 생활 모습을 재현해보는 등의 활동을 통해 역사적 상상력을 키울 수 있습니다.

7. 《삼총사》 - 알렉상드르 뒤마(Alexandre Dumas)

《삼총사》는 우정과 용기를 주제로 한 모험 이야기를 담고 있습니다. 이 책을 읽은 후, 친구와의 우정과 협력의 중요성에 대해 이야기 나눠보세요. 아이들과 함께 친구와 협력하는 활동을 계획해보는 것도 좋습니다. 예를 들어 팀을 나누어 협력해서 미션을 해결하는 놀이를 할 수 있습니다.

8. 《나니아 연대기》 - C.S. 루이스(C. S. Lewis)

《나니아 연대기》는 판타지 세계에서 벌어지는 모험 이야기를 다룹니다. 책을 읽은 후, 아이들과 함께 나니아 세계를 상상하며 그려보는 활동을 해보세요. 주요 인물의 특징을 분석하고, 각 인물의 역할에 대해 이야기를 나눠보는 것도 도움이 됩니다. 이를 통해 아이들이 판타지 세계에 대한 이해를 넓히고, 창의력을 발휘할 수 있도록 돕습니다.

5장

따뜻한 마음으로 성장하는
고전 문학 시작하기

따뜻한 사랑과 우정에 관한 책들

아이들은 성장하면서 아동기의 자기중심적인 태도에서 벗어나 다른 사람을 배려하고 사랑하는 방법을 배우게 됩니다. 이 과정은 아이들이 점차 사회화되어 가면서 더욱 중요해지며, 이 시기에 적절한 문학 작품을 접하는 것은 아이들의 정서 발달에 매우 큰 영향을 미칩니다. 다른 사람의 처지와 상황을 이해하고 공감하는 마음을 기르는 데 있어 고전 문학은 훌륭한 도구가 될 수 있습니다. 《세드릭 이야기》, 《사랑의 학교》, 《비밀의 화원》 등은 이 시기의 아동들이 읽기에 적합한 고전 문학 작품들입니다. 《세드릭 이야기》를 함께 읽으며 '이런 순간에 어떻게 이렇게 용기 있게 행동할 수 있었을까?' 하며 감탄하기도 하고 《사랑의 학교》를 읽으며 '나는 이런 상황에 어떻게 행동했을까?' 하며 자신을 돌아보고 반성하는 계기가 되기도 합니다. 책 속 등장인물을 통해서 갈등 상황을 함께 공유하고, '다음에 나에게 이런 일이 생긴다면 이렇게 해봐야겠다' 하며 미리 머릿속에 해결 방법을 새기기도 하지요. 이 책들은 단순한 이야기를 넘어서 아이들에게 정직, 절제, 우정, 선행 등 아름다운 성품들을 배울 수 있는 기회를 열어줍니다.

각 도서의 구체적인 적용 방법

1.《세드릭 이야기》 - 프랜시스 호지슨 버넷(Frances Hodgson Burnett)

세드릭의 용기와 긍정적인 태도를 통해 변하게 된 상황이 무엇인지 정리해봅니다. 한 아이가 바꾸게 된 용기 있는 일들을 보며 나라면 이런 상황에 어떻게 대처해야 할지 생각해보도록 할 수 있습니다.

2.《세라 이야기》 - 프랜시스 호지슨 버넷(Frances Hodgson Burnett)

세라가 겪은 어려움과 이를 극복한 방법에 대해 이야기 나눠보세요. 아이들이 어려움을 극복하는 데 필요한 용기와 지혜를 배울 수 있도록, 책 속의 상황과 실제 삶을 연결하는 대화를 나누는 것이 좋습니다.

3.《키다리 아저씨》 - 진 웹스터(Jean Webster)

주디의 편지를 통해 어려운 환경에서도 감사하고 긍정적인 시야로 보는 방법을 배울 수 있습니다. 아이들과 함께 편지 쓰기 활동을 해보세요. 어려운 상황이지만 누군가에게 감사의 편지를 쓰거나, 상상 속의 인물에게 자기 속내를 털어내는 편지를 써보는 것도 흥미로운 경험이 될 것입니다.

4. 《비밀의 화원》 - 프랜시스 호지슨 버넷(Frances Hodgson Burnett)

《비밀의 화원》을 읽은 후, 아이들과 함께 자신만의 비밀 정원을 상상하며 그려보는 활동을 합니다. 책의 주제인 치유와 성장에 대해 이야기 나누면서 아이들이 자연과 교감하는 법을 배우도록 도와주세요.

5. 《톰 소여의 모험》 - 마크 트웨인(Mark Twain)

《톰 소여의 모험》을 읽은 후, 아이들과 함께 모험 놀이를 계획해보세요. 모험을 통해 배우는 용기와 우정을 강조하며, 실제 활동을 통해 아이들이 이를 경험할 수 있도록 해보세요.

6. 《작은 아씨들》 - 루이자 메이 올컷(Louisa May Alcott)

《작은 아씨들》을 읽은 후, 가족의 중요성과 사랑을 강조하는 활동을 합니다. 가족 구성원을 소개하고, 가족 간에 있었던 갈등이 무엇인지 이야기합니다. 또 이 갈등을 해결할 수 있는 작은 실천을 계획해보세요.

7. 《사랑의 학교》 - 에드몬도 데 아미치스(Edmondo De Amicis)

책 속의 상황을 아이들과 함께 간단한 역할극을 해봅니다. 각 상황에서 등장인물들이 어떤 선택을 했는지, 그리고 그 선택이 왜 중요한지 이야기 나누는 시간을 가져보세요. 이를 통해 친구들과의 우정과 갈등, 선생님에 대한 존경심, 가족에 대한 사랑 등을 배울 수 있습니다.

6장

초등 어휘가 독해다

"선생님, '당황하다'가 무슨뜻이에요?"

"선생님, 성탄절이 무슨 날이에요? 크리스마스인줄 몰랐어요."

가끔 아이들이 단어 뜻을 물어볼 때, 속으로 깜짝 놀랄 때가 많습니다. 일상생활에서 자주 쓰일법한 어휘도 생소하고 모르는 경우가 많기 때문입니다. 그런데 초등학교 3~4학년 시기는 아이들이 학문적으로 더 깊이 들어가는 중요한 시기입니다. 이 시기부터는 본격적으로 사회, 과학, 역사 등 여러 과목에서 다양한 주제들이 교과서에 등장하기 시작합니다. 그러나 이러한 과목들을 제대로 이해하려면 필수적으로 어휘력이 뒷받침되어야 합니다. 특히 초등학교 3학년부터는 추상적인 개념의 단어들이 등장하기 시작하고, 이 시기에 어휘력이 부족하면 학습 전반에 어려움을 겪을 수 있습니다.

3~4학년 교과서에 나오는 어휘의 특징

초등학교 3~4학년 교과서에 나오는 어휘들은 주로 사회적 관계, 기본적인 학문적 개념과 관련된 용어들로 구성됩니다. 예를 들어, 사회 교과서에서는 '민주주의', '환경보호' 같은 개념적 단어들이 등상하며, 과학 교과서에서는 '증발', '중력' 등의 기본적인 과학 용어가 포함됩니다. 이 시기의 어휘는 단순한 일상 언어를 넘어서서 아이들이 이 어휘들을 반드시 이해해야만 복잡한 원리와 개념을 습득할 수 있습니다. 따라서 이 시기에는 어휘력을 강화하는 것이 학습의 성패를 좌우할 수 있습니다.

어휘를 알아야 공부가 쉬워진다

어휘는 모든 학습의 기본입니다. 다양한 과목의 교과서를 읽고 이해하는 데 필요한 기초가 됩니다. 어휘를 잘 알고 있으면, 수업 시간에 책의 내용을 읽고 이해할 수 있습니다. 그래서 새로운 내용을 알아가는 데 즐거움을 느낍니다. 하지만 반대로 어휘를 모르면 선생님의 설명을 들어도 무슨 말인지 이해가 잘 되지 않아 답답한 마음을 느끼게 됩니다. 이는 수학 문제를 풀 때나 과학 실험을 할 때도 마찬가지입니다. 어휘의 뜻을 모르기 때문에 문제 자체가 이해되지 않아 아이들이 해결하지 못하는 경우가 많고 이는 낮은 학업 결과로 이어지게 됩니다.

어휘력을 강화하는 방법

책을 읽으며 모르는 단어 동그라미 치기

책을 읽다가 이해되지 않는 단어가 나오면, 먼저 그 단어에 동그라미를 쳐서 표시해두세요. 이렇게 하면 아이가 독서의 흐름을 방해받지 않고 책을 읽어 나갈 수 있습니다. 독서 후에는 아이와 함께 표시한 단어들을 찾아보며 의미를 이해할 수 있도록 도와줍니다.

사전에서 찾아보기

모르는 단어를 사전에서 찾아보는 습관을 들이는 것이 중요합니다. 전자사전이나 인터넷 사전도 유용하지만, 종이 사전을 사용하는 것을 권장합니다. 사전을 찾으려고 인터넷을 켜다 다른 유혹에 빠져 사전을 찾는 본 의미를 잃고 인터넷의 바다에서 헤매는 경우가 더 많기 때문입니다. 종이 사전은 단어를 찾는 과정에서 다양한 어휘를 함께 익힐 수 있다는 장점이 있습니다. 또 사전 찾기 활동은 아이들에게 어휘의 쓰임새와 품사에 대한 이해를 넓혀줍니다. 이러한 정보들은 단어를 더 깊이 이해하고 사용하는 데 도움을 주며 책으로 새로운 단어를 찾아 알아가는 재미도 느끼게 됩니다.

유의어와 반의어 알아보기

새로운 단어를 배우면서 그와 관련된 유의어와 반의어도 함께 익히면 어휘력이 배가됩니다. 예를 들어 '폭등'이라는 단어를 배우면서 '급등'이라는 유의어와 '폭락'이라는 반의어를 함께 익히면 다양한 문맥에서 단어를 활용할 수 있는 능력이 강화됩니다.

일상생활에서 사용해보기

새로운 어휘는 실제 대화나 글쓰기를 통해 사용해볼 때 그 의미가 깊이 새겨집니다. 아이들이 배운 단어를 일상 대화 속에서 사용하도록 유도하고, 일기나 독후감 같은 글쓰기를 통해 반복적으로 활용하도록 합니다.

부모님들께서는 아이들과 함께 책을 읽으며 어휘력을 강화할 수 있는 다양한 방법들을 실천해보시기 바랍니다. 특히, 책을 읽히면서 모르는 단어를 자연스럽게 익히고, 그 단어들을 사용해서 부모님과 대화에서 많이 활용해보도록 격려해주세요. 어휘력이 독해력의 기초가 되듯, 독해력은 모든 학습의 기초가 됩니다.

7장

글쓰기에 강한 아이로 키우는
독서기록장

독서기록장(Reading Journal)의 중요성

책을 읽는 것은 지식과 사고의 깊이를 더하는 중요한 활동입니다. 그러나 단순히 책을 읽는 것에서 끝나지 않고, 그 내용을 기록하는 과정은 그 가치를 배가시킵니다. 독서기록장은 이러한 목적을 위해 아이들에게 매우 유익한 도구입니다. 프랜시스 베이컨(Francis Bacon)은 "읽는 것은 완성된 사람이 되고, 대화는 재치 있는 사람이 되며, 글쓰기는 정확한 사람이 된다"라고 했습니다. 즉, 독서 후 기록하는 것은 단순한 글쓰기 이상의 의미를 지니며, 아이들을 더욱 성숙하고 깊이 있는 사고를 할 수 있는 존재로 성장시킵니다.

독서기록장의 장점

기억력 향상과 이해력 증진

독서기록장을 쓰면 읽은 내용을 기록하면서 반복적으로 복습하게 됩니다. 이 과정에서 책의 핵심 키워드가 무엇인지 생각하며 읽고 내용을 요약하게 되어, 책의 내용이 더 오래 기억에 남게 됩니다. 이처럼 요약과 기록은 내용을 머릿속으로 구조화하며 읽게 되어 이해력을 높이는 데 큰 도움이 됩니다.

성찰과 자기 이해

독서 기록을 통해 아이들은 책을 읽으면서 자신을 돌아보고, 성찰하는 기회를 가집니다. 등장인물의 선택과 행동을 보며 '나라면 어땠을까?'를 생각해보는 과정은 아이들의 도덕적 사고와 자기 인식을 강화시킵니다. 이를 통해 아이들은 더 깊이 있는 사고를 할 수 있으며, 자신의 가치관을 형성하는 데도 도움을 받습니다.

글쓰기 능력 향상

독서기록장은 아이들이 자신의 생각을 글로 표현하는 능력을 강화시킵니다. 매일 책을 읽고 그 내용을 글로 옮기면서 아이들은 글쓰기의 기본기를 다지고 점점 더 정교한 표현을 할 수 있게 됩니다. 또한 책을 요약하고 깨달은 점을 기록하는 과정에서 논리적 사고력과 글을 구성하는 능력도 함께 향상됩니다.

성취감과 자기 효능감

꾸준히 독서 기록을 작성하는 것은 아이들에게 성취감을 줍니다. 자신이 읽은 책이 쌓여가는 것을 보며 아이들은 스스로 자부심을 느끼고, 독서에 대한 긍정적인 태도를 갖게 됩니다. 이는 결국 더 많은 책을 읽고 기록하게 만드는 선순환을 형성합니다.

〈독서기록장 예시〉

제목	책 제목		저자	
	오늘 읽은 이야기		작가	
			옮긴이	
핵심 어휘				
요약				
깨달은 내용				

출처 : 저자 제공

독서기록장 쓰는 방법

1. **책의 제목과 글쓴이 기록** : 읽은 책의 제목과 글쓴이를 기록해서 어떤 책을 읽었는지 추후에 쉽게 찾을 수 있도록 합니다.

2. **오늘 읽은 분량** : 오늘 읽은 페이지나 장을 기록합니다. 이는 읽기 습관을 형성하는 데 도움이 됩니다.

3. **중요 핵심 단어 쓰기** : 읽은 내용에서 중요한 단어나 개념을 기록해 두면, 나중에 책의 내용을 다시 떠올리는 데 큰 도움이 됩니다.

4. **책의 내용 요약** : 오늘 읽은 내용을 간단하게 요약해서 전체적인 내용을 한눈에 파악할 수 있도록 합니다.

5. **깨달은 점 쓰기** : 책에서 배운 점이나 느낀 점을 기록합니다. 이를 통해 독서 경험이 단순한 정보 습득을 넘어서 개인의 성장으로 이어지게 됩니다.

독서기록장을 쓴 학생들의 반응

"독서기록장을 쓰면서 더 집중해서 책을 읽게 되었다. 책을 읽을 때 상상하면서 더 구체적으로 생각하며 읽을 수 있게 되어 좋았다. 재미있고 즐겁게 책을 읽게 되어서 감사하다. 또 글쓰기를 더 잘하게 되었다. 원래는 글 쓰는 것을 싫어했는데 글쓰기가 재미있어졌다. 또 읽은 내용을 글로 쓰니 오랫동안 기억에 남아서 가족과 이야기를 나눌 수 있어서 좋다."

−5학년 조O율

"독서기록장을 쓰면서 등장인물에게 배울 점을 찾으며 읽으니, 책에 대한 생각을 더 하게 되었다. 또 글을 쓰는 태도가 조금 더 성장하게 되었다. 요약하는 능력이 조금 더 성장하고, 글을 쓸 때 쓸 내용을 생각하며 쓰는 능력이 더 발달했다. 책을 통해 배울 점을 찾는 능력, 생각하는 능력이 발달해서 좋고, 작가가 이것을 왜 썼는지 생각하며 읽게 되어서 감사하다."

―4학년 최O우

"글의 내용을 요약할 때 이전보다 더 잘하게 되었다. 구체적으로 쓰고 머리를 더 많이 쓴다. 그리고 책을 읽을 때 독서기록장을 써야 한다는 것이 생각나서 쓸 때 집중이 잘된다는 점이 달라졌다. 글 쓰는 속도도 빨라졌다. 상상력과 기억력을 동원해서 중요 문장을 찾는 능력이 많이 성장했다. 동생에게도 독서기록장을 쓸 수 있도록 해야겠다. 뭔가 쉬는 시간에도 독서기록장을 쓰고 싶은 생각이 난다. 내가 독서기록장을 잘 쓸 수 있다는 게 감사하다."

―4학년 신O우

독서기록장의 실제 적용

독서기록장을 작성하는 것은 단순히 글을 쓰는 것을 넘어, 아이들이 읽은 내용을 자신의 경험과 연결하고 내면화할 수 있도록 돕습니다. 특히 고전 문학을 읽을 때는 이러한 기록 과정이 더욱 중요합니다. 고전 문학은 그 깊이와 가치가 크기 때문에, 아이들이 그 내용을 충분히 이해하고, 자신의 것으로 만드는 과정이 필요합니다. 아이들이 책을 읽고 기록하는 습관을 가질 수 있도록 독서기록장을 시작해보세요. 이 과정에서 아이들은 책을 통해 배우는 즐거움과 글쓰기를 통한 자기표현의 기쁨을 동시에 누리게 될 것입니다.

5부
. . . .

책 읽기를 좋아하게 만드는
초등 책 육아 로드맵(고학년 편)

1장

고학년 때 부모님이
꼭 알아야 할 우리 아이 마음

사춘기에 접어든 아이들의 특징

초등학교 5학년부터는 아이들이 사춘기에 접어드는 시기입니다. 이 시기는 아이들이 겪는 신체적, 정서적, 사회적 변화가 두드러지게 나타나는 시기로, 많은 부모님들이 아이들의 갑작스러운 변화에 놀라고 당황하기도 합니다. 이 시기의 아이들은 감정이 매우 예민해지고 변화가 심합니다. 하루에도 여러 번 기분이 바뀌며, 아무것도 아닌 일에 까르르 웃기도 하고, 재미있어 합니다. 또 힘든 일을 겪으면 세상을 다 잃은 것처럼 좌절하고 속상해서 하루 종일 울기도 하지요. 그리고 타인의 시선에 민감해집니다. '다른 친구들이 나를 어떻게 생각할까?' 하고 생각하며 친구들이 좋아하는 것을 함께 좋아하며, 공유하고, 안정감을 느끼고 싶어 합니다.

특히, 이 시기에는 친구와의 관계가 급격히 중요해지며, 부모보다 친구들과의 시간을 더 중요하게 여깁니다. 이전에는 엄마 아빠가 제일 좋고, 떨어지기 싫어했었는데, 점점 그 사랑이 친구들에게로 옮겨 갑니다. 부모님과 함께 있기보다 친구들과 어울려 노는 것을 더 좋아하고, 휴일에 부모님을 따라가기보다 친구들과 함께 맛있는 것을 먹으러 가고 싶어 합니다. 또 여학생들은 부모님에게 비밀을 털어놓기보다 단짝 친구에게 모든 이야기를 하고 싶어 합니다. 자신의 마음을 잘 알아주는 친한 친구를 가장 선호하고 온갖 애정을 쏟아 붓고 싶어 합니다. 대신 조금이라도 마음을 서운하게 한 친구가 생기면 오랫동안 토라지고, 또 영영 마음을 돌리는 계기가 되기도 합니다. 그로 인해 친구 문제로 고민하는 경우가 많아집니다. 예를 들어, 4학년까지만 해도 잘 지내던 아이들이 5학년이 되면서부터는 싫어하는 친구가 생기고, 왕따를 시키거나, 편을 갈라 친구 사이에서의 갈등이 생기기 시작합니다. 그래서 이 시기부터 친구 문제로 고민하며 상담소를 찾는 친구들이 많아집니다.

사춘기에 몸에서 일어나는 호르몬의 변화

고학년 시기의 아이들은 왜 그럴까요? 사춘기 동안 아이들의 몸에서는 다양한 호르몬 변화가 일어납니다. 이 변화는 신체적인 성장을 촉진하는 동시에, 정서적, 사회적 변화에도 큰 영향을 미칩니다. 예를 들어, 에스트로겐과 테스토스테론은 뇌의 여러 부분에 영향을 미쳐 감정 조절, 사회적 행동, 공간지각력 등을 변화시킵니다. 이러한 호르몬 변화로 인해 아이들은 감정적으로 불안정해지며, 기분이 쉽게 변하는 모습을 보이기도 합니다. 또한 사춘기 동안 스트레스 호르몬인 코티솔의 증가로 인해 아이들은 스트레스에 민감해지고, 이로 인해 학교나 가정에서의 생활에 어려움을 겪을 수 있습니다.

엄마도 사춘기 엄마가 처음이라 도움이 필요해요

하지만 엄마도 사춘기 엄마가 처음이라 어떻게 해줘야 할지 막막한 것은 마찬가지입니다. 아이들이 사춘기를 겪는 동안, 부모님들도 어떻게 대응해줘야 하는지 새로운 과제에 직면하게 됩니다. 부모님들께서 자신의 사춘기 시절이 기억 나 자녀가 이해되신다면 감사한 일입니다. 하지만 반대로 '나는 저렇게까지 하지 않았는데, 쟤는 왜 저렇게 유별난지 모르겠네' 하는 생각이 드신다면 이것은 도움이 필요한 신호입니다. 세상에서 가장 소중한 우리 아이와 나 사이를 연결해 줄 긴급 SOS 구호가 필요한 시점입니다. '뭐 그깟 일 가지고 그렇게 마음을 써. 공부나 해!', '너 태도가 그게 뭐야. 빨리 고치지 못해?'라는 마음으로 이야기 하면 아이들은 마음의 문과 입을 닫아 버립니다. 이해되지 않더라도 사춘기 아이들의 마음에 공감하려고 노력하며 강압적으로 비난하지 않고 들어주는 태도가 필요합니다.

《잔소리 대신 책으로 토닥토닥》,《내 아이가 힘겨운 부모들에게》,《지금 내 아이 사춘기 처방전》 같은 책들은 사춘기 아이들의 심리 상태에 대해 잘 설명해주고 있습니다. 이러한 책들은 아이들의 감정을 잘 이해하고 더 잘 소통할 수 있도록 도와줍니다. 위와 같은 책을 읽고 갈등을 어떻게 해결해 나가면 좋을지 자녀들과 소통하는 것도 좋은 방법입니다.

이 시기를 잘 보내기 위해서는 서로에 대한 이해가 필요합니다. 아이들이 사춘기를 잘 넘기고, 안정된 정서와 건강한 사회적 관계를 형성할 수 있도록, 부모님의 적극적인 이해와 지원이 필요합니다. 아이들이 사춘기를 겪으면서 느끼는 혼란과 불안감을 이해하고, 자녀들이 자신의 감정을 표현할 수 있도록 도와줘야 합니다. 또한 부모님 자신도 아이들과 함께 성장해 나가는 과정임을 인식하고, 아이들과 함께 책을 읽으며 자녀들의 마음을 이해하고 한 발 더 다가가는 시간이 되시기 바랍니다.

2장

따지기 좋아하는 우리 아이,
논리와 놀아야 할 때

따지기 좋아하는 논리적인 나이 12~13세

이 시기는 아이들은 따지기를 잘하는 시기입니다. 가령 친구들끼리 이야기할 때에도 "너 앞뒤가 안 맞잖아, 지난번에는 다르게 이야기했잖아"라고 오류를 잘 집어냅니다. 또 집에서 부모님의 말이나 행동에서도 자신이 옳다고 생각하는 것을 주장하는 능력이 강화됩니다. 다른 말로 하면 '따박 따박 말대꾸'를 기가 막히게 잘합니다. 예전에는 부모님의 말씀을 그대로 받아들이던 아이가 이제는 말의 앞뒤가 맞는지, 논리적으로 타당한지 판단하고, 자신만의 의견을 강하게 주장하기 시작합니다. 이러한 변화는 사실 매우 긍정적인 것입니다. 아이가 논리적 사고를 발전시키며 그만큼 성숙해지고 있음을 의미합니다. 아이들은 이제 세상에 대한 자기만의 생각을 가지기 시작하고, 이를 표현하는 방법을 배워가는 중입니다. 부모님이 이런 변화를 이해하고, 아이의 논리적 성장을 지원해주는 것이 매우 중요합니다. 물론 때로는 이런 논리적 반박이 부모님에게는 도전적으로 느껴질 수 있지만, 이를 아이가 성장하고 있다는 신호로 받아들이고, 열린 마음으로 대화해보시면 어떨까요?

아이의 논리적 사고를 키워줄 토의와 토론

이 시기에 아이들의 논리적 사고를 더욱 강화해주는 좋은 방법은 토의와 토론입니다. 학교에서도 5학년 국어시간부터 토의와 토론의 기초를 배우기 시작합니다. 아이들은 자신의 생각을 정리하고, 그것을 근거로 상대방을 설득하는 방법을 배우며, 이러한 과정에서 논리적 사고 능력을 크게 향상시킵니다.

아이들과 함께 할 수 있는 다양한 토론 주제를 선택해서 부모님과 함께 토론 연습을 해보는 것도 좋은 방법입니다. 예를 들어, '초등학생의 스마트폰 사용을 법으로 금지해야 하는가?', '초등학교에서 숙제를 없애야 할까?', '학교에서 체육 수업을 더 늘려야 할까?'와 같은 주제는 아이들의 일상과 밀접하게 연관되어 있어 흥미를 끌 수 있습니다. 이런 주제들에 대해 토론하면서 아이들은 자신의 의견을 논리적으로 표현하는 연습을 할 수 있고, 동시에 다른 사람의 의견을 경청하는 법도 배우게 됩니다.

다음과 같은 토론 주제들을 통해 아이들은 일상적인 문제들에 대해 깊이 생각하고, 자신의 생각을 체계적으로 표현하는 능력을 키울 수 있습니다.

번호	토론 주제	찬성 이유	반대 이유
1	학교에서 스마트폰 사용을 금지해야 하는가?	- 수업에 집중할 수 있다. - 교우 관계 개선에 도움이 된다.	- 정보 검색과 학습에 유용하다. - 긴급 상황에서 연락할 수 있다.
2	초등학교에서 숙제를 없애야 할까?	- 학생들이 더 많은 자유 시간을 가질 수 있다. - 교과 외 다양한 활동으로 창의성을 발달시킬 수 있다.	- 학습 내용을 복습할 수 있다. - 성실함과 책임감을 배울 수 있다.
3	학교에서 간식을 먹어도 될까?	- 에너지를 보충할 수 있다. - 오후 수업에 집중할 수 있다.	- 간식으로 인해 균형 잡힌 식사를 방해할 수 있다. - 간식의 유무 등 편차가 있을 수 있다.
4	어른들에게 꼭 인사를 해야 할까?	- 상대방에게 존중과 예의를 표현할 수 있다. - 긍정적 인상을 갖게 되어 사회성이 발달된다.	- 강요된 인사는 진정성이 부족하다. - 개인의 자유와 자율성을 존중해야 한다.
5	학교에서 정기적인 시험이 필요한가?	- 시험 스트레스를 줄일 수 있다. - 창의적인 학습 환경을 제공할 수 있다.	- 학습 성취도를 평가해서 학습목표에 도달할 수 있다. - 학생들의 학습 동기를 부여할 수 있다.
6	환경 보호를 위해 학교에서 일회용품 사용을 금지해야 할까?	- 환경 보호에 기여하고, 지속 가능한 생활을 배울 수 있다.	- 일회용품은 편리하고, 일부 상황에서는 필요하다.
7	학교에서 체육 수업을 더 늘려야 할까?	- 운동 감각과 능력을 개발할 수 있다.	- 기초 학문 과목의 학습 시간이 줄어들 수 있다.
8	방과 후 활동에 필수적으로 참여해야 할까?	- 다양한 경험을 통해 자기 계발을 할 수 있다.	- 학생들의 자율성을 침해할 수 있고, 과도한 부담이 될 수 있다.

이러한 주제들은 아이들이 일상에서 직접적으로 경험할 수 있는 문제들로 구성되어 있어, 아이들이 쉽게 접근할 수 있습니다. 부모님은 아이들이 이러한 주제에 대해 토론할 때, 자녀들의 의견을 존중하며, 논리적인 사고를 더욱 발전시킬 수 있도록 도울 수 있습니다. 부모님이 적극적으로 아이와 논리적 대화를 나누고, 토론을 통해 아이의 생각을 들으며, 그 생각을 발전시킬 수 있도록 도와줘야 합니다. 또한 아이들이 논리적으로 사고하고 표현하는 과정에서 실수를 하거나 논리적으로 부족한 부분이 있을 때, 이를 지적하기보다는 격려하고, 함께 해결책을 찾아주는 것이 중요합니다. 부모님이 아이와 함께 논리적 사고를 놀이처럼 즐기고, 이를 통해 아이의 성장과 발전을 지원해주시기 바랍니다.

3장

논리력이 향상되는
인문 고전 독서

인문 고전이란 무엇인가요?

인문 고전은 인간의 사상, 철학, 역사, 문학, 사회적 가치 등을 다루는 역사적으로 중요한 작품들을 의미합니다. 이러한 고전은 시대를 초월해서 많은 이들에게 깊은 통찰과 지혜를 제공하며, 인류의 문화를 형성하는 데 큰 역할을 해왔습니다. 대표적인 인문 고전으로는 플라톤(Plato)의 《국가》, 아리스토텔레스(Aristoteles)의 《니코마코스 윤리학》, 마키아벨리(Machiavelli)의 《군주론》, 셰익스피어(Shakespeare)의 《햄릿》 등이 있습니다. 이 책들은 당시 사회의 윤리, 정치, 철학적 문제들을 다루며 오늘날 사회에도 여전히 깊은 관련이 있습니다.

초등학생이 인문 고전을 읽어야 하는 이유

인문 고전은 단순히 역사적인 텍스트가 아니라, 인간으로서 깊이 있는 사고를 하게 하고, 도덕적 가치관을 형성하며, 세상을 넓은 시각으로 바라볼 수 있도록 도와주기 때문에 매우 중요한 가치를 지닙니다. 인문 고전은 철학적이고 사색적인 질문들을 다루며, '삶과 죽음이란 무엇인가?', '올바름이란 무엇인가?', '행복이란 무엇인가?'와 같은 중요한 질문에 대해 깊이 생각하게 합니다. 이러한 질문들을 통해 아이들은 논리적인 사고 능력을 기를 수 있습니다.

또한 인문 고전은 인간의 도덕성과 윤리를 탐구합니다. 아이들은 이러한 책들을 읽으며 갈등 상황에서 올바른 결정을 내리고, 자신만의 가치관을 형성하는 데 도움을 받을 수 있습니다. 예를 들어, 공자(孔子)의 《논어》나 맹자(孟子)의 《맹자》는 아이들에게 도덕적 가르침을 주고, 그들이 성장하면서 중요한 지침이 될 수 있는 원칙을 심어줍니다.

대부분의 인문 고전은 다양한 역사적 사건과 문화적 배경을 바탕으로 쓰여졌기 때문에, 이를 통해 아이들은 역사와 문화에 대한 깊은 이해를 할 수 있습니다. 이는 아이들이 시간과 공간을 초월해서 세상을 더 넓게 이해하는 데 도움을 줍니다.

인문 고전을 시작하는 방법

초등학생에게 인문 고전을 직접 읽히는 것은 쉽지 않을 수 있습니다. 저 역시도 인문 고전 도서를 읽기 전에는 현실에 맞지 않는 고리타분하고 따분한 이야기들이라서 나와 맞지 않을 것이라고 생각했습니다. 그러나 실제로 책을 읽기 시작하면서 '세상에 이렇게 아름다운 생각과 가치들이 있다니!' 하고 감탄하며 읽게 되었습니다. 그래서 이러한 주옥같은 책들을 아이들에게도 공유하고 싶다는 생각이 들어 수업 시간에 함께 읽기 시작했습니다. 처음에는 어려워하던 아이들도 점점 고전에 흥미를 느끼고 그 속에서 배움을 얻기 시작했습니다. 책을 읽으며 '갈등되는 상황에서 진정한 용기란 무엇인지', '어떻게 사는 것이 인생에서 성공한 삶인지' 서로 질문하고 이야기하며 진정한 가치에 대해 발견하게 되었습니다. 자신이 깨달은 내용을 글로 쓰면서 이런 내용들이 아이들에게 조금씩 스며들기 시작했습니다.

자녀와 인문고전을 시작하고 싶은 부모님들께 다음과 같은 방법을 추천해드립니다.

책을 함께 읽기

처음에는 부모님이 책을 함께 읽어주는 것이 중요합니다. 아이들은 어려운 내용을 이해하는 데 부모님의 도움이 필요할 수 있습니다. 부모님이 책을 읽어주면서 아이와 함께 중요한 부분을 이야기하고, 서로의 생각을 나누는 것도 좋습니다.

필사와 요약하기

책의 중요한 구절이나 감동적인 부분을 필사해보는 것도 좋은 방법입니다. 필사를 통해 아이들은 책의 내용을 더 깊이 있게 받아들이고, 자신의 생각을 정리하는 법을 배울 수 있습니다. 또한 책을 읽고 난 후 간단히 내용을 요약해보는 연습을 하면 아이들의 논리적 사고력과 표현력에도 도움이 됩니다.

천천히, 그러나 꾸준하게

고전 문학은 처음부터 많은 양을 읽기보다는, 매일 조금씩 꾸준히 읽는 것이 좋습니다. 책이 어렵게 느껴질 수 있지만, 부모님과 함께 천천히 읽어나가면 아이들은 점차 고전에 익숙해지고, 그 속에서 재미와 가치를 발견하게 될 것입니다.

고학년인 내 아이에게 추천하고 싶은 인문 고전 책

1. 《플라톤의 대화편》, 플라톤, 창

소크라테스(Socrates)의 철학적 대화를 플라톤이 정리한 이 책은 아이들이 논리적 사고를 기르는 데 큰 도움을 줍니다. 〈에우튀프론〉, 〈소크라테스의 변론〉, 〈크리톤〉, 〈파이돈〉, 〈향연〉의 5부로 이루어져 있습니다. 특히 〈크리톤〉에서 소크라테스는 자신이 무엇을 가장 사랑하고 가치 있게 여기는지 친구들과의 대화를 통해 자신의 생각을 논리적으로 펼치고 있습니다. 당시 소크라테스의 친구들은 그의 사형 전날 그의 감옥에 모였습니다. 소크라테스를 시기해서 누명을 씌워 죽이려는 것을 부당하게 여긴 친구들은 그를 탈옥시키려고 준비했고, 마지막으로 소크라테스를 설득합니다. 하지만 소크라테스는 친구들을 향해 '무엇이 정의인지', '끝까지 추구해야 할 선'은 무엇인지 질문합니다. 소크라테스는 상대방의 논점과 오류를 질문을 통해 스스로 깨닫도록 합니다. 이런 소크라테스의 질문법을 통해 아이들은 스스로 질문하고 생각하는 법을 배울 수 있습니다.

2. 《청소년을 위한 맹자》, 맹자 원저, 두리미디어

이 책은 맹자의 사상이 담긴 책으로, 성선설, 민본주의, 대장부론 등을 다룹니다. 맹자는 왕 앞에서도 주눅 들지 않고 자신의 주장을 펼쳤습니다. 예를 들어, 맹자는 왕 앞에서 "임금이 가장 가볍고, 사직이 그 다음이며, 백성이 가장 무겁다"라고 이야기한 것으로 유명합니다. 그는 사람이 사람답게 사는 올바른 세상을 위해 여러 나라를 다니며 자신의 주장을 펼쳤습니다. 맹자의 이런 사상은 아이들에게 자신감과 도덕적 가르침을 줍니다.

인문 고전 독서는 초등학생들이 논리적 사고를 기르고, 도덕적 가치관을 형성하며, 세상을 넓은 시각으로 바라보게 하는 중요한 방법입니다. 어려울 수 있지만, 부모님의 도움과 함께라면 아이들은 인문 고전 속에서 깊이 있는 배움을 얻을 수 있습니다. 조금씩, 천천히 그러나 꾸준히 읽어나가며 아이들에게 인문 고전의 세계를 열어주세요.

4장

고학년 학부모님이 꼭 알아야 할
책 읽기 방법

몇 살까지 읽어줘야 할까?

아이들이 커가면서 "몇 살까지 책을 읽어줘야 할까?"라는 질문은 많은 부모님들이 궁금해하는 주제입니다. 연구에 따르면, 약 13~14세까지 아이들의 듣기 이해력은 읽기 이해력보다 더 높다고 합니다. 즉, 아이들에게 책을 읽어주는 것은 중학교 시기, 약 14세까지도 여전히 효과적이라는 것입니다. 이는 아이들이 더 복잡한 이야기나 내용을 스스로 읽고 이해하는 것보다는 누군가가 읽어줄 때 더 잘 이해하고 즐길 수 있다는 것을 의미합니다.

하지만 많은 부모님들은 '아이들이 엄마가 책을 읽어주는 것을 답답하게 생각하지 않을까?' 혹은 '다 큰 아이에게 책을 읽어주면 싫어하지 않을까?'라는 걱정을 합니다. 그래서 실제로 제가 초등학교 5~6학년 학생들에게 "엄마가 책 읽어주면 어떠니?" 하고 물어봤습니다.

"엄마가 책 읽어주는 것 너무 좋아요."

"혼자 읽을 때는 이해가 잘 안됐는데, 엄마가 읽어주면 재미있어요."

실제로 많은 5~6학년 아이들이 부모가 책을 읽어주는 것을 여전히 좋아한다고 대답했습니다. 한 아이가 "엄마가 책 읽어주면 싫어요"라고 이야기해서 왜 그런지 물어봤더니 "엄마가 책을 읽다가 자꾸 잠들어요. 한참 재미있는 부분이었는데 엄마가 잠들어서 아쉬웠어요"라고 이야기했습니다. 이것은 반대로 엄마가 책 읽어주는 것이 너무 재미있다는 뜻이겠지요. 부모와 함께하는 독서 시간은 고학년이 된 아이들에게도 여전히 큰 의미가 있습니다. 부모님이 책을 읽어주는 것은 단순히 내용을 전달하는 것을 넘어, 아이들이 더 높은 수준의 문학을 접하고 이해할 수 있도록 돕는 중요한 역할을 합니다. 아이들은 책을 읽어주는 것을 통해 어려운 내용도 이해하고, 더 깊이 있는 독서를 할 수 있게 됩니다. 처음에는 너무 딱딱하고 재미없을 것 같아 망설였던 책들도 읽어주면서 '읽어보니 꽤 괜찮네', '나도 이런 책을 읽을 수 있구나' 하는 즐거움으로 변하게 됩니다.

어떻게 읽어줘야 할까?

일주일에 3~4번, 15분씩 읽어주시는 것도 충분히 효과적입니다. 매일 30분 이상씩 책을 읽어줄 수 있다면 좋겠지만, 바쁜 일상에서 현실적으로 가능한 범위에서 부모님께서 정하신 만큼 시작해보시길 권합니다. 부모님이 소리 내어 책을 다 읽어주셔도 좋고, 아이와 한 페이지씩 번갈아 가며 읽는 것도 좋은 방법입니다. 또 책이 너무 두꺼워서 다 못 읽는다는 생각에 엄두도 못 내시는 분들이 계시다면, 한 페이지를 읽더라도 좋습니다. 중요한 것은 읽는 과정에서 아이와 함께 생각을 나누는 것입니다. 책을 읽으면서 아이에게 다양한 질문을 던져보세요. "이 주장에 동의하니?", "왜 동의하거나 동의하지 않니?", "이 사람이 중요하게 생각하는 가치는 무엇일까?", "이 주장이 오늘날에도 유효할까?" 같은 질문들은 아이가 책 속의 내용을 자신의 사고로 연결시키고, 깊이 있는 독서를 할 수 있도록 도와줍니다. 또한 책을 읽다가 기억해두고 싶은 문장에 밑줄을 치거나, 떠오르는 생각을 빈칸에 메모로 남기거나, 자신이 궁금한 점을 질문으로 적어보는 것도 좋습니다. 이러한 방법으로 독서를 한다면 독서의 효과를 높일 수 있습니다.

Tip. 5~6학년 때 부모님과 함께 읽으면 좋은 책

	제목	저자	출판사	내용
1	갈매기의 꿈	리처드 바크	열림원	자기 자신의 한계를 넘어서려는 갈매기 조나단 리빙스턴의 이야기를 통해 도전 정신과 자아실현의 중요성을 배웁니다.
2	셰익스피어의 4대 비극	윌리엄 셰익스피어	민음사	인간의 비극을 다룬 고전 작품으로, 도덕적 딜레마와 인간 심리에 대해 깊이 있는 대화를 나눌 수 있습니다.
3	그리스인들은 어떤 생각을 했을까?	최화선	푸른나무	그리스 신화와 문학, 철학을 통해 고대 그리스인들의 사고방식과 문화를 탐구하는 책입니다. 고대 문명에 대한 이해를 넓히고 인류의 지혜를 배울 수 있습니다.

	제목	저자	출판사	내용
4	아버지의 편지	정약용	함께 읽는 책	조선 시대의 학자 정약용이 그의 아들들에게 보낸 편지들을 통해 인생의 지혜와 아버지의 사랑을 엿볼 수 있습니다.
5	열하일기	박지원	보리	조선의 문인 박지원이 청나라를 다녀온 후에 쓴 기행문으로, 당시의 사회적 문제와 문화적 차이를 통해 인문학적 통찰을 얻을 수 있습니다.
6	청소년을 위한 니코마코스 윤리학	아리스토텔레스	풀빛	아리스토텔레스의 윤리학을 청소년의 눈높이에 맞춰 해설한 책으로, 삶의 올바른 방향과 윤리에 대해 배울 수 있습니다.
7	어린이 삼국지	나관중	청솔	중국 역사 속 영웅들의 이야기를 통해 전략, 용기, 인간관계에 대한 교훈을 얻을 수 있는 책입니다.
8	인류의 역사를 뒤바꾼 위대한 순간들	황광우	비아북	인류의 탄생과 역사의 발전, 우주를 향한 도전 등 세계를 뒤흔든 9가지 위대한 순간들에 대해 이야기합니다.
9	처음 시작하는 한국사 세계사	송영심	글담	학생들이 역사를 좀 더 쉽고 흥미롭게 이해할 수 있도록 한국사와 세계사를 알기 쉽게 풀어서 쉽게 이해할 수 있습니다.
10	고전 소설 속 역사 여행	신병주, 노대환	돌베개	금오신화, 계축일기 등 고전 소설을 통해 우리 역사를 쉽게 이해할 수 있도록 도와줍니다.

5장

고전 문학으로
우아하게 잔소리 대신하기

아이들의 인성 그릇, 고전 문학으로 키우기

청소년기에 접어든 아이들은 부모님들의 기대와 다르게 반항적이거나 고집을 부리기도 하고, 때로는 부모님의 조언을 귀담아듣지 않기도 합니다. 이런 상황에서 많은 부모님들이 아이들의 행동을 바로잡기 위해 염려 섞인 조언을 하시지만 아이들은 이를 잔소리로 여기기도 합니다. 이런 잔소리는 종종 반발심을 불러일으키거나, 오히려 아이들과의 거리를 멀어지게 할 수 있다는 점은 많은 부모님들이 공감할 것입니다. 그렇다면 어떻게 아이들의 인성과 도덕적 성장을 도울 수 있을까요? 아이들은 종종 자신의 행동이 옳은지, 혹은 어떻게 행동해야 하는지 고민하게 됩니다. 그럴 때 고전 문학을 읽는 것은 직접적인 지적 없이도 아이들에게 깊은 깨달음을 줄 수 있습니다. 고전 문학은 아이들로 하여금 깊이 있는 사고와 성찰을 이끌어내고, 도덕적 가치를 자연스럽게 배우게 해주기 때문입니다. 때로는 부모님의 지적보다 한 권의 고전 문학 책이 훨씬 더 큰 영향을 미칠 수 있습니다.

부모님의 잔소리 대신, 고전 한 구절

부모님들이 자녀의 행동에 대해 조언해주고 싶을 때, 고전 문학 작품을 통해 간접적으로 문제를 제기하고 스스로 답을 찾도록 도와주는 것이 훨씬 효과적인 방법이 될 수 있습니다.

예를 들어, 도스토예프스키(Dostoevskii)의 《죄와 벌》에서 주인공 라스콜리니코프는 자신이 저지른 죄로 인해 깊은 고뇌에 빠지게 됩니다. 이런 이야기를 통해 아이들이 잘못을 저지르고 내적으로 갈등과 고민이 깊을 때 대화를 시도해 볼 수 있습니다.

"지난번에 생긴 일로 마음이 괴롭고 힘들어 보이는구나. 아빠도 이전에 어리석게 실수한 경험으로 괴로웠던 적이 있었어. 《죄와 벌》의 라스콜리니코프도 돈이 필요해서 나쁜 일을 저질렀지. 그 후에 그의 마음은 괴로움과 죄책감으로 가득 찼어. 그는 자신의 행동에 대한 결과에 대가를 치러야 했기 때문이야. 네가 느낀 그 후회, 사실 그것이 바로 우리가 배워야 할 중요한 감정이야. 라스콜리니코프처럼 우리의 행동에는 항상 결과가 따르고, 그 결과들을 어떻게 마주하고 해결하는지는 매우 중요해."

또한 매일 외모에만 관심을 가지는 자녀와 대화를 나누며, 내면을 가꾸는 것이 진정한 아름다움이라는 점을 《작은 아씨들》을 통해 이야기해 볼 수 있습니다.

"엄마도 어렸을 때 외모에 관심이 많았지. 하지만 정말 중요한 게 한 가지 더 있다는 것을 알게 되었어. 외모도 중요하지만, 내면을 가꾸는 것이 결국 가장 큰 매력이라는 것을 알려주는 이야기들이 있어. 예를 들어 《작은 아씨들》을 보면, 조는 외모에 신경을 많이 쓰지 않았지만, 그 누구보다도 자신을 사랑하고 다른 사람들을 배려하는 따뜻한 마음을 가지고 있었어. 그런 조의 모습은 결국 많은 사람들에게 사랑받고 존중받게 되지 않니? 엄마는 네가 보이지 않는 내면도 멋지게 가꾸길 바라."

매일 지각하고 성실하게 생활하지 않는 자녀라면 함께 톨스토이(Tolstoy)의 《안나 카레니나》를 읽고 진정한 자유와 기쁨에 대해 이야기를 나눌 수 있습니다.

"아침에 일어나는 게 힘들지. 나도 네 나이 때 그랬어. 그런데 성실하게 생활하는 게 왜 중요한지 한번 생각해볼까? 톨스토이의 《안나 카레니나》에서 안나가 무슨 선택을 했는지 기억나니? 자신의 감정에 이끌려 중요한 선택을 했지만, 그 결과로 많은 고통을 겪었지. 톨스토이는 그 이야기를 통해 우리가 감정에만 의지하지 않고, 책임감 있게 행동하는 것이 얼마나 중요한지 보여주고 있어. 성실하게 시간을 지키고 생활하는 것도 그런 책임감의 일환이야. 네가 지각하지 않고 학교생활에 최선을 다하려고 애쓰는 태도가 결국 너에게 더 큰 행복과 기쁨을 가져다 줄 거야."

부모로서 아이에게 지식뿐만 아니라 올바른 인성을 길러주는 것은 매우 중요합니다. 아이가 성장하면서 맞닥뜨리는 도덕적 딜레마나 윤리적 문제에 대해 스스로 생각하고 올바른 결정을 내릴 수 있도록 돕는 것이 부모의 고유한 권한입니다. 이런 상황에서 고전 작품은 훌륭한 교과서가 됩니다. 인문 고전 문학에는 시대를 초월한 진리와 지혜가 담겨 있습니다. 고전 작품을 읽음으로써 아이들은 자연스럽게 도덕적 가치관을 형성하고, 깊이 있는 사고와 자기 성찰을 배울 수 있습니다. 부모님과 함께 같은 문학 작품을 읽으며 소통함으로써 자녀의 인성과 가치관 형성에도 도움이 되고, 부모와 자녀 사이의 관계도 깊어지길 바랍니다.

6장

고학년 자녀와 함께 고전을
효과적으로 읽는 5단계 방법

고전 문학은 아이들의 인성과 지성을 키우는 데 중요한 역할을 합니다. 부모님들께서 자녀와 함께 고전 문학을 읽으며 그 속에서 나오는 깊은 가르침과 철학을 나눌 때, 아이들은 책을 통해 얻는 지식 이상으로 삶의 지혜와 통찰을 배울 수 있습니다.

1단계 : 고전 문학 작품의 시대적, 문화적 배경과 저자에 대해 알아보기

고전 문학을 이해하는 첫 번째 단계는 작품의 시대적, 문화적 배경과 저자의 삶에 대해 알아보는 것입니다. 이를 통해 작품의 맥락을 이해하고, 작품을 조망해서 보게 되며, 등장인물의 행동과 선택에 더 깊이 공감할 수 있습니다.

예시 : 《일리아드》

- **시대적 배경** : 《일리아드》는 기원전 12세기경, 고대 그리스 시대의 트로이 전쟁을 배경으로 합니다. 이 시기는 그리스 역사에서 전환점이 된 시기로 미케네 문명이 몰락하고 그리스 암흑기가 시작됩니다. 이 전쟁은 신들의 이야기로부터 시작됩니다. '가장 아름다운 여신에게'라고 쓰인 황금 사과를 보고 아프로디테, 아테네, 헤라 세 여신이 싸우게 됩니다. 이를 해결 하기 위해 '파리스'라는 청년에게 심판을 맡기게 되고, 세 여신은 각각 부와 명예와 권력 등을 제시하지만 결국 가장 아름다운 여인을 주겠다는 아프로디테의 손을 들어주게 됩니다. 그로 인해 스파르타 왕의 아내인 '헬레네'를 파리스에게 주었고, 이에 분노하게 된 스파르타 왕은 연합군을 데리고 트로이와 전쟁을 시작하게 됩니다. 이 전쟁은 신과 인간의 이야기로, 그리스 신화의 핵심을 이루는 중요한 서사입니다.

- **문화적 배경** : 고대 그리스 사회는 풍요로운 자연 환경과 온화한 기후 덕에 포도, 올리브 등 농작물이 잘 자라는 환경이었습니다. 또 대외적으로 해상 무역이 활발하여 다른 도시 들과 활발한 교류가 있었습니다. 생산을 뒷받침하는 노예들이 있었기 때문에 그리스의 시민들은 정치활동과 철학, 문학, 예술 활동 등에 전념할 수 있었습니다. 이러한 이유로 이들은 신들에게 전적으로 의지할 필요가 없었고, 신들 또한 사람들과 동등한 감정과 생각을 가지고 있다고 생각했습니다. 내세보다 지금 살고 있는 현세가 더 중요하다고 생각하여 보이는 것을 중요시했습니다. 내세에 대한 믿음보다 이성을 사용해서 사물을 관찰하고, 논리적인 탐구를 하며, 변증하는 것이 발달했습니다.

- **저자의 삶과 특징** : 호메로스(Homer)는 기원전 7~8세기경 고대 그리스의 가장 유명한 시인으로, 《일리아드》와 《오디세이아》라는 작품을 남긴 것으로 알려져있습니다. 그에 대한 기록이 많지 않기 때문에 그가 실존 인물인지, 진짜 맹인이었는지, 이 책들이 단독으로 지은것인지, 여러 구술 작품을 집대성 한것인지 등 많은 추측들이 있습니다. 호메로스의 작품은 그리스 문학의 기초가 되었고, 전 세계적으로 큰 영향을 미쳤습니다.

2단계 : 책을 매일 조금씩 꾸준히 읽기

고전 문학은 그 분량과 내용의 깊이 때문에 한꺼번에 읽기 어렵습니다. 매일 조금씩 꾸준히 읽고, 책에 메모하거나 독서기록장에 기록하며 읽는 습관을 들이는 것이 좋습니다. 글을 읽을 때는 이후에 글을 쓸 것에 대한 내용을 생각하며 읽는 것도 좋은 방법입니다.

- **일정한 시간 정하기** : 매일 정해진 시간에 한 챕터씩 읽는 습관을 들입니다. 예를 들어, 저녁 식사 후 30분씩 읽는 시간을 정하고, 가족이 함께 모여 고전 문학을 읽는 것도 좋은 방법입니다.

3단계 : 중요한 장면, 사람, 인상 깊은 장면에 밑줄 치기

책을 읽으면서 중요한 장면이나 인상 깊은 부분, 주요 인물에 밑줄을 치며 읽는 것은 매우 효과적입니다. 이는 나중에 내용을 복습하고 이해하는 데도 큰 도움이 됩니다. 또 책을 읽고 어떤 장면이 가장 기억에 남는지, 왜 그 장면이 가장 인상 깊었는지 서로 이야기를 나누는 것도 도움이 됩니다.

- **중요 장면** : 예를 들어, 아킬레우스와 헥토르의 결투 장면이나 아킬레우스의 분노 장면에 밑줄을 칩니다.
- **주요 인물** : 아킬레우스, 헥토르, 아가멤논 등 주요 인물에는 동그라미 표시를, 주요 지명에는 네모 표시를, 주요 사건에는 밑줄을 치며 읽습니다.

※ 활용 팁 : 자녀와 함께 밑줄을 친 부분에 대해 이야기를 나누며, 왜 그 장면이 중요했는지, 그 장면에 밑줄 친 이유가 무엇인지, 자신에게 어떤 의미를 가졌는지 이야기해보세요. 부모와 이야기를 나누며 다양한 관점에 대해 들으면서 아이들은 작품의 핵심 주제와 메시지를 더 잘 이해할 수 있습니다.

4단계 : 이해되지 않는 부분, 자신의 생각, 질문 등을 옆에 메모하기

고전을 읽으면서 이해되지 않는 부분이나 자신의 생각, 질문 등을 옆에 메모하는 습관을 들이면 좋습니다. 이것에 대한 주제로 글을 써보거나, 토론 주제로 삼는 것도 좋습니다.

- **메모하기** : 이해되지 않는 부분이나 어려운 단어, 문장 옆에 질문을 적어 둡니다. 예를 들어, '왜 아킬레우스는 전쟁에 참여하지 않으려고 했을까?', '아가멤논의 결정은 왕으로서 정당한가?'와 같은 질문을 적어봅니다.
- **자신의 생각 기록** : '이 장면은 나에게 어떤 의미가 있는가?', '작가가 이 글을 통해서 전하고자 하는 메시지(의도)는 무엇인가?' 등 자신의 생각을 기록합니다.

※ 활용 팁 : 부모님과 함께 책을 읽으며 메모한 부분에 대해 이야기해보세요. 이러한 대화는 자녀가 책의 내용을 더 풍부하게 이해하고, 자신의 생각을 명확하게 표현하는 능력을 키우는 데 도움이 됩니다.

5단계 : 자신의 의견과 생각 정리하는 글쓰기

책을 다 읽은 후에는 밑줄 친 부분과 메모한 부분을 다시 읽고, 그 내용에 대해 자신의 의견과 생각을 정리하는 글쓰기를 합니다. 필사하거나 중요한 구절을 외워두면 나중에 인용할 때 유용합니다.

- **다시 읽기 :** 밑줄 친 부분과 메모한 부분을 다시 읽습니다. 중요한 부분을 다시 정리합니다.
- **글쓰기 :** 책 전체에 대한 요약, 느낀 점, 교훈 등을 글로 정리합니다. 글쓰기는 독후감, 서평, 편지글, 논설문 등 다양한 형식으로 기록할 수 있습니다.

※ 활용 팁 : 자녀가 쓴 글을 함께 읽고, 이에 대해 피드백을 꼭 해주세요. 이를 통해 자녀는 자신의 생각을 더 명확하게 정리하고, 글쓰기에 자신감을 가지고 표현하는 법을 배울 수 있습니다.

괴테(Goethe)는 이런 말을 남겼다고 하지요.

"고전을 읽는 것은 진정한 인간이 되는 첫걸음이다."

이는 고전 문학 작품을 읽는 것이 아이들이 인간으로서 성장하는 데 있어 중요한 역할을 한다는 점을 시사합니다. 고전 문학을 통해 자녀와 함께 깊이 있는 대화를 나누며, 삶의 중요한 가치와 철학을 탐구하는 즐거움을 느껴보세요. 부모님의 적극적인 참여와 관심이 자녀의 독서 습관을 형성하고, 그들이 올바르게 성장하는 데 큰 도움이 될 것입니다.

7장

논술에 강한 아이로 키우는
책 읽기 방법

논술은 단순히 글을 쓰는 것이 아니라, 주어진 주제에 대해 자신의 생각을 논리적으로 정리하고 표현하는 과정을 의미합니다. 이 과정에서 필요한 것은 비판적 사고력, 논리적 전개 능력, 그리고 자기 표현력입니다. 이러한 능력은 자라나는 세대에게 꼭 필요한 주요 능력이라고 여겨져 많은 나라에서 대학 입시의 중요한 부분을 차지합니다. 미국의 대학 입시인 SAT나 영국의 GCEA-level, 독일의 아비투어, 일본의 '대학입학공통테스트' 등이 서술형·논술형 평가 문항을 채택한 이유도 이러한 능력을 갖추고 있는지 측정하기 위해서입니다. 학생들은 단순한 문법적 정확성을 넘어, 문학 작품이나 역사적 사건에 대해 깊이 있게 분석하며, 그것을 통해 자신의 견해를 논리적으로 제시합니다. 이러한 능력은 하루아침에 길러지지 않으며, 꾸준한 독서와 논리적인 사고, 글쓰기 훈련이 필요합니다. 특히 초등학교 고학년 시기부터 이러한 능력을 길러주는 것은 매우 중요합니다. 이 시기에 형성된 사고력과 논리력은 대학 입시뿐 아니라 성인이 된 이후의 삶에도 매우 중요한 영향을 미칩니다.

고학년의 책 읽기와 논술 준비 전략

책을 읽는 것은 논술 능력을 기르는 첫걸음입니다. 아이들은 다양한 책을 통해 여러 주제와 사고방식을 접하게 됩니다. 이는 자연스럽게 비판적 사고력을 키우고, 다양한 관점에서 세상을 바라보는 시각을 넓혀줍니다. 예를 들어, 작가의 의도와 관점을 분석하는 과정은 체계적으로 사고하는 능력이 향상되도록 도와줍니다. '작가가 추구하는 인간상은 어떠한가?', '작가는 어떤 세상이 추구할만한 가치가 있다고 여기는가?' 등 작가가 바라보는 세계관과 가치를 통해 아이들의 견해를 넓힐 수 있습니다. 이것에 견주어 자신의 생각을 정리하면서 비판적으로 생각하는 능력이 향상됩니다. 또한 다른 사람에게 자신의 생각을 설명하고 설득하는 과정에서 논리적 전개 능력이 강화됩니다. 이처럼 문학 작품을 읽는 것은 다양한 각도로 의도를 생각하고 분석하며, 주제를 깊이 있게 탐구하도록 하는 시작이 되기 때문에 매우 중요합니다.

논술을 위한 글쓰기 연습

책을 읽고 난 후, 그 내용을 바탕으로 글쓰기를 연습하는 것은 논술 능력을 강화하는 데 필수적입니다. 아이들은 책을 읽으며 느낀 점이나

의문점, 그리고 자신의 의견을 글로 표현하면서 논리적으로 사고하는 법을 배우게 됩니다. 이 과정에서 중요한 것은 아이들이 스스로 질문을 던지고, 그 질문에 대한 답을 찾는 연습을 하는 것입니다. 이를 통해 아이들은 자신의 생각을 논리적으로 정리하고, 설득력 있는 글을 쓸 수 있게 됩니다. 논술 능력은 단순한 글을 쓰는 능력을 넘어서 아이들의 사고력과 표현력, 논리력을 키우는 중요한 도구입니다. 이러한 능력은 미래 사회에서 요구되는 창의적 문제 해결 능력과 밀접하게 연결되어 있습니다. 논술 능력을 기르는 과정에서 아이들은 자신의 생각을 명확하게 표현하고, 타인과 소통하는 방법을 배우며, 복잡한 문제를 논리적으로 해결할 수 있는 능력을 키우게 됩니다.

《추천 논술 교재》

출처 : 다음세대에듀

《다음세대 논술》
아이들에게 논술을 가르치고자 할 때, 《다음세대 논술》과 같은 전문 잡지를 활용하는 것도 좋은 방법입니다. 이 책은 역사, 과학, 예술 등 다양한 주제를 다루어 아이들의 관심을 끌고, 사고의 폭을 넓혀줍니다. 이를 통해 아이들은 논술 문제를 접할 때 다양한 분야에서 깊이 있는 생각을 할 수 있게 됩니다. 또한 글쓰기의 기본 규칙부터 고급 문장 구성 방법까지 안내되어 있어, 글쓰기가 어렵게 느껴지는 학생들도 쉽게 따라 할 수 있습니다. 다양한 질문과 그에 대한 해설을 제공함으로써 어떻게 글을 써야 할지 실전 감각을 익힐 수 있습니다.

6부

······

내 아이의 뇌를 줄어들게 만드는 최고의 비법
- 미디어 중독

1장

스마트폰과
사랑에 빠진 아이들

　요즘 초등학교에 가면 1학년 때부터 손에 최신식 스마트폰을 갖고 있는 학생들이 많습니다. 부모님이 두 분 다 일하시는 경우가 많아 방과 후에 아이들과 연락하기 위해 사주시는 경우가 대부분입니다. 조금 늦게 사주고 싶어도 또래 친구들이 가지고 있기 때문에 혼자만 소통이 안 되거나 상대적 박탈감이 생길까 해서 사주시는 경우도 있습니다. 또 아이들도 갖고 싶다고 조르기 때문에 부모님 입장에서는 사주지 않기가 정말 힘듭니다. 이런 저런 이유로 스마트폰을 가지고 있는 아이들은 스마트폰을 어떻게 사용할까요?

　일단 학교가 끝나면 스마트폰을 손에서 놓을 줄 모릅니다. 무엇을 하고 있나 들여다보면 채팅창을 열어놓고 대화할 때가 많습니다. 또한 남학생들의 경우 게임을 하고 있을 때가 많습니다. 한 학생이 게임을 하고 있으면 주변으로 몰려들어 같이 구경하거나 돌아가면서 게임을 하기도 합니다. 또 이동할 때 유튜브 같은 동영상을 보며 시간을 보내기도 합니다. 물론 이제는 스마트폰 없이 살 수 없는 시대가 되었습니다. 하지만 자기조절능력과 절제력이 아직 다 길러지지 않은 아동 때부터 스마트폰이 주어지는 것에는 우려가 많습니다.

감정에 공감하는 뇌가 줄어든다

아이들의 대화창을 들여다보면 문장들이 죄다 짧습니다. 한 줄을 넘지 않는 대화들이 대다수이고 'ㅇㅇ(알았어)', 'ㅇㅈ(인정)'처럼 초성으로만 이어지는 대화들도 보입니다. 외계어처럼 보이지만 이런 대화 속에서 아이들은 소통하고 교류합니다. 디지털 원주민인 우리 아이들에게 스마트폰 속 대화 공간은 익숙하고 편리합니다. 그러나 텍스트로 된 대화 속에서 상대방의 생각과 감정을 들여다보기는 쉽지 않습니다. 물론 이모티콘으로 어느 정도 마음을 표현하는 것이 가능하지만, 미세한 감정 상태를 표현하는 것에는 한계가 있습니다.

아이들은 커가면서 사회인지 능력이 향상됩니다. 유아기의 자기중심적인 성향에서 다른 사람을 배려할 수 있는 성인으로 커가면서 사회인지 능력 향상은 이 시기에 꼭 필요한 과정입니다. 이것은 다른 사람의 표정이나 분위기를 통해 감정을 파악하고 자신의 행동을 조절하게 합니다. 아이들은 가족이나 친구들과 함께 생활하면서 대면 대화를 통해 상대방의 표정, 목소리 톤, 제스처 등을 관찰하며 공감 능력을 키웁니다. 하지만 스마트폰에 의존하는 시간이 많아지면 이런 경험이 줄어들고, 그 결과 다른 사람의 감정에 공감하는 능력이 줄어들게 됩니다.

깊이 있게 생각하는 뇌가 줄어든다

스마트폰의 등장으로 손 안에서 검색만 하면 모든 정보를 쉽게 찾을 수 있는 시대가 되었습니다. 아이들은 이제 많은 정보들을 손쉽게 찾게 되었고, 그로 인해 많은 내용을 알게 되었습니다. 각각의 정보를 찾고 즉각적으로 빠르게 반응하는 능력이 월등해졌습니다. 어떤 아이들은 정보를 찾고 처리하는 능력에서 성인보다 뛰어난 실력을 갖기도 합니다. 하지만 이러한 능력은 어떤 문제에 대해서 조망하고 깊이 있게 생각하는 것과는 거리가 멉니다. 어떤 문제를 해결하기 위해서는 전체적인 상황을 파악하고, 이것을 연관 지어 깊이 있게 생각하는 것이 필요합니다. 각각의 정보들이 가진 장단점을 분석하고 다각도로 파악해서 창의적인 방법으로 해결점을 도출해내야 하는데, 어떻게 해야 할지 생각하는 능력이 약해질 위험이 있습니다. 이는 창의적 문제 해결 능력을 기르는 데에도 부정적인 영향을 미칠 수 있습니다.

수면의 질이 떨어진다

학교에 자주 지각을 하는 학생이 있었습니다. 처음에는 실수로 늦잠을 잤겠지 싶었는데, 등교하는 시간이 점점 늦어지더니 점심시간이 가까워져서야 등교하는 날도 생기기 시작했습니다. 상황이 심각해지자 아이의 생활 패턴이 어떠한지 상담을 해봤습니다. 아이는 학교 끝나고 학원에 갔다가 밥 먹고, 숙제하고, 평범하게 하루를 보내다 부모님이 잠드는 시간부터 주로 스마트폰을 많이 한다고 했습니다. 처음에는 숙제에 필요한 주제를 검색하는 것으로 시작해서 관심 있는 주제의 동영상을 찾아보고, 연결된 알고리즘을 타고 들어가기 시작했습니다. 그렇게 인터넷이 바다에 빠져 서핑을 하다 보면 어느새 잠드는 시간을 훌쩍 뛰어넘는 것입니다. 밤 12시는 고사하고 새벽 3~4시에 자거나 밤을 새우는 일도 있다고 했습니다. 또 핸드폰을 보다 잠들어서 몇 시에 갔는지도 모르는 날이 허다했습니다.

스마트폰을 과도하게 사용하는 아이들 중 많은 수가 수면의 질이 저하되는 문제를 겪고 있습니다. 아동들은 발달 시기상 자기조절능력이 낮기 때문에 스마트폰에 노출되면 그만두는 것이 쉽지 않습니다. 옆에서 조절해주거나 제재를 가하는 대상이 없다면 밤새 스마트폰을 하다가 잠을 방해하기도 쉽습니다. 밤늦게까지 스마트폰을 사용하면서 아이들은 충분한 수면을 취하지 못하게 됩니다. 특히, 스마트폰의 블루라이트는 수면 호르몬인 멜라토닌의 분비를 억제해서 잠드는 데 어려움을 겪게 만들 수 있습니다.

이러한 이유로 아이들이 잠자리에 스마트폰을 가지고 들어가는 것은 추천해드리지 않습니다. 스마트폰을 보다 잠든 아이들은 깊은 잠을 자지 못해 피곤해합니다. 그러면 아이들은 아침에 일어나기 어려워하고 늦잠을 자다가 비몽사몽간에 깨어납니다. 서두르는 엄마와 실갱이를 벌이

다 짜증스러운 상태로 학교에 오게 됩니다. 학교에 와서도 피곤하면 수업 시간에 졸고, 집중력이 떨어지게 됩니다. 체력도 떨어지니 의욕이 생기지 않습니다. 잠을 잘 못자니 소화도 되지 않고 급식도 대충 먹고, 무기력해집니다. 다른 일들은 귀찮고 하기 싫은데 손쉽게 손에 들고 할 수 있는 자극적인 장난감, 스마트폰만 생각납니다. 그리고 스마트폰을 할 시간만 기다리게 됩니다.

수면 연구 전문가 매튜 워커(Matthew Walker)는 "수면은 뇌의 정화와 재충전에 필수적이다. 충분한 수면이 부족하면 뇌의 기억과 학습 능력, 정서적 균형이 무너질 수 있다"라고 강조합니다. 아이들이 충분히 충전되기 위해서는 숙면이 정말 중요합니다. 자면서 몸을 회복시키고, 면역력도 강화되고, 성장에 필요한 호르몬도 분비됩니다. 또 다음날 살아갈 에너지를 저장하고 비축합니다. 그런데 스마트폰으로 인해 수면의 질이 떨어지면 제대로 몸이 회복되거나 충전되지 못하고 다음날 피곤한 하루를 보내게 되면서 악순환을 겪게 됩니다. 정해진 시간에 자고 일어나는 것. 당연해보이지만 이것이 쉽지 않은 학생들도 있습니다. 청소년기에는 호르몬의 영향으로 밤에 잠이 잘 오지 않고, 아침에 잠이 늘어나기도 한다고 합니다. 잠이 오지 않을 때 스마트폰을 한다면 불규칙한 생활 습관으로 하루의 리듬이 깨지고 악순환이 반복되겠지요. 대신 부모님께서 잠들 때까지 10분씩 책을 읽어주시면 어떨까요? 마음이 따뜻해지는 이야기, 위로와 격려를 주는 이야기, 삶의 희망을 주는 이야기들로 아이들의 밤을 채워주세요.

2장

시청하는 뇌 vs 생각하는 뇌

강렬한 자극에만 반응하는 '팝콘 브레인'

'팝콘 브레인(Popcorn Brain)'이라는 말 들어보셨나요? 미국 워싱턴대학의 한 교수가 자극에 길들여진 뇌를 우려하는 뜻으로 만들어낸 말입니다. 마치 팝콘이 터지는 듯한 강렬한 자극을 원하도록 뇌가 변한 것을 뜻합니다. 스마트폰 속 동영상, 게임과 같은 자극적인 콘텐츠에 익숙해진 아이들은 현실에서 경험하는 평범한 사건이나 소리, 텍스트로 된 학습에 흥미를 잃고, 오직 즉각적인 만족과 자극만을 추구하게 됩니다. 이런 변화를 우려한 미국의 유명 뇌과학자 매리언 울프(Maryanne Wolf)는 "인간의 뇌는 천천히 깊이 생각하도록 진화해왔다. 하지만 디지털 환경에서는 우리가 모든 정보를 즉각적으로 얻을 수 있기 때문에 깊이 생각하는 능력이 사라지고 있다"라고 말한 바 있습니다.

아이들의 뇌는 어떻게 변화하는가?

이제는 스마트폰 없이는 살 수 없는 세대가 되었지만, 자라나는 아동, 청소년들에게 미치는 영향은 성인에게 미치는 영향보다 훨씬 심각합니다. 아동기에는 뇌가 빠르게 성장하며 신경 회로가 형성됩니다. 이 시기에는 뇌 속의 전두엽 회백질의 부피가 폭발적으로 증가합니다. 이 시기의 중요한 과제 중 하나는 '가지치기'입니다. 가지치기는 뇌의 시냅스가 효율적으로 정리되는 과정으로, 자주 사용하지 않는 시냅스가 제거되는 것을 의미합니다. 뇌가 가지치기를 하는 것은 나쁜 것이 아닙니다. 추상 능력이나 논리 능력 등 고도의 작업을 수행하기 위해서 잘 쓰지 않는 영역을 제거하는 것이기 때문입니다.

문제는 아동 청소년기에 꼭 필요한 영역이 가지치기를 당하는 경우입니다. 예를 들어 아이가 스마트폰 게임에 지나치게 몰두하게 되면, 게임에 필요한 뇌의 영역이 활성화되고 확장됩니다. 이것을 더 잘 수행하기 위해서 게임과 관련된 영역의 뇌의 능력을 넓히는 것입니다. 또 동영상 시청을 많이 한다면 동영상 시청에 필요한 뇌 속 능력은 확장하게 됩니다. 뇌는 생각하기보다 수동적으로 시청하는 '시청자 모드'로 자리잡게 됩니다.

만약 이 시기에 책을 보지 않는다면 어떻게 될까요? 책을 읽는 데 필요한 문자 해독력, 문해력, 능동적 집중력 등이 현저하게 떨어지는 것은 물론이고, 책을 읽거나 깊이 사고하는 데 필요한 뇌의 영역은 가지치기를 당하며 축소될 수 있습니다. 스마트폰을 시청할 때는 즐겁지만 책을 보거나 수업을 들을 때 지루한 것은 이 부분의 시냅스의 형성이 약하기 때문입니다. 생각할 수 있는 길이 있지만 잘 사용하지 않는 것과 생각하는 길이 아예 없는 것은 다른 문제입니다. 아이들은 점점 깊이 있는 사고를 하지 못하고, 수동적으로 자극을 수용하는 데 익숙해집니다. 생각할 수 있는 길이 없어진 채 결국 시청밖에 할 수 없는 수동적인 시청자의 뇌로 만들어지게 되는 것이지요.

뇌과학자이자 작가인 다니엘 레비틴(Daniel Levitin)은 "뇌는 습관을 통해 형성된다. 우리가 뇌에 어떤 경험을 반복적으로 제공하느냐에 따라 뇌가 재구성된다"라고 말한 바 있습니다. 이는 아이들이 스마트폰에 지나치게 의존할 때, 뇌가 변형되고 깊이 생각하는 능력이 약화된다는 것을 시사합니다.

'학습 동영상'을 보거나 '학습용 게임'을 하는 것은 어떤가요?

흔히 아이들이 학습할 때 스마트 기기를 통해 동영상으로 학습 내용을 시청하거나, 게임으로 복습하는 경우가 있습니다. 이는 아이들에게 학습 내용에 대한 흥미를 유발하고, 어렵고 지루한 내용에 친숙하게 접근할 수 있다는 장점이 있습니다. 하지만 학습을 이런 방법으로만 해결하려 한다면 우려되는 부분이 있습니다. 아동 심리학자 엘리자베스 켈러(Elizabeth Keller)는 "아이들은 스마트 기기를 통해 정보를 받아들이는 데 익숙해지지만, 그것을 처리하고 내면화하는 과정이 부족해진다. 이는 장기적으로 비판적 사고와 창의력 발달에 부정적인 영향을 미친다"라고 경고

합니다.

학생들이 어떤 개념을 이해하려면 그 지식의 내용을 천천히 생각하고 꿰어서 자기 것으로 만들 시간이 필요합니다. 스마트 기기를 통해 제공되는 학습 동영상이나 교육용 게임은 지식의 내용을 담고 있지만, 지식을 보여주고 즉각적으로 반응하게 합니다. 때문에 어떤 지식을 단순하게 기억하고 반응하게 하는 것에는 효과가 있을지 모르지만, 깊이 있게 생각하고 창조해내는 능력과는 거리가 멉니다. 아이들은 점점 화면에 보이는 정보를 수동적으로 받아들이는 것에는 익숙하지만 능동적으로 사고하고 탐구하는 것에는 어려움을 느끼게 됩니다. 따라서 학습 내용이 담겨있을지라도 아이들이 지나치게 많은 시간 동안 동영상과 게임에 노출되는 것에 대한 우려를 표합니다.

3장

스마트폰을 사주기 전에
반드시 고려해야 할 것

스마트폰은 오늘날 아이들의 생활에서 중요한 부분이 되었지만, 그로 인한 문제도 점점 증가하고 있습니다. 부모님들이 스마트폰을 사주기 전, 반드시 고려해야 할 몇 가지 중요한 사항이 있습니다. 부모님들이 스마트폰을 사용을 지도할 때 흔히 저지르는 실수를 통해 그것이 중독으로 이어지지 않도록 돕는 것이 중요합니다.

흔히 하는 실수 1 :
상으로 스마트폰 사주기

많은 부모님들이 아이가 특정한 목표를 달성하거나 좋은 성과를 거뒀을 때, 보상으로 스마트폰을 사주는 경우가 많습니다. "~~을 잘하면 스마트폰을 사줄게", "~~에서 1등 하면 스마트폰을 사줄게" 등의 약속을 하시지요. 하지만 그렇게 얻은 스마트폰은 아이에게 떼려야 뗄 수 없는 소중한 물건이 되고 맙니다. 이는 긍정적인 강화 방법처럼 보일 수 있지만, 장기적으로는 스마트폰 사용에 대한 문제를 일으킬 수 있습니다. 아이들은 상으로 받게 된 스마트폰에 특별한 감정적 의미를 갖게 됩니다. 자신의 노력으로 얻은 스마트폰을 단순한 기기 이상의 '자랑스러운 트로피'로 여기게 됩니다. 스마트폰이 더 이상 도구가 아닌 자랑거리와 권리로 여겨지게 되는 것입니다. 그 결과, 부모님이 나중에 스마트폰 사용을 제한하려고 할 때, 아이는 자신이 '정당하게 얻은 것'이라고 생각하고 반발할 수 있습니다. 이러한 심리는 아이가 스마트폰을 남용하거나 과도하게 의존하는 문제로 이어질 수 있습니다.

스마트폰은 단순한 도구로 인식되어야 하며, 아이는 필요에 따라 적절히 사용하는 법을 배워야 합니다. 스마트폰을 사주기 전, 부모님은 이 기기가 단순히 의사소통과 정보 검색을 위한 도구임을 강조하고, 그 사용에 대한 명확한 규칙을 세워야 합니다.

흔히 하는 실수 2 :
매일 스마트폰 하는 시간 정해 놓기

매일 시간을 정해 놓고 스마트폰을 사용하면 어떨까요? 많은 부모님들은 스마트폰 사용 시간을 하루에 일정 시간으로 제한하는 것이 좋은 방법이라고 생각합니다. 예를 들어, "숙제를 다 끝내고 나면 하루에 30분씩만 스마트폰을 사용해도 된다"라고 약속하는 경우가 많습니다. 그러나 매일 정해진 시간에 스마트폰을 사용하는 것은 아이를 스마트폰 중독으로 이끌 수 있습니다.

스마트폰 사용 시간을 정해 놓는 것이 왜 위험할까요? 스마트폰을 정해놓고 하는 시간이 짧다고 해서 문제가 되지 않는 것은 아닙니다. 아이들은 정해진 시간을 기다리며 하루 종일 스마트폰을 생각하게 되기 때문입니다. 예를 들어, 하루에 30분 동안 게임을 할 수 있는 시간을 정해 놓으면, 아이는 그 시간을 기다리면서 그 외의 시간에도 게임에 대한 생각을 멈추지 못하게 됩니다. 사용하지 않는 시간에도 하루 종일 '게임을 어떻게 해야 더 잘할까', '어떻게 해야 이길 수 있을까' 생각하게 됩니다. 스마트폰으로 영상을 본다면 그 영상에서 나온 장면이나 노래 등을 따라 하면서 하루 종일 영상을 되뇌게 됩니다. 아이들은 어른들과 달리 뇌에 각인되는 속도가 빠르고 반복적으로 접하게 되면 쉽게 중독됩니다. 그 결과, 학업이나 다른 활동에 집중하기 어려워지고, 스마트폰 사용에 대한 강박이 생길 수 있습니다.

스마트폰 사용 시간을 단순히 제한하는 것보다, 아이들이 스스로 스마트폰 사용의 폐해를 깨닫고 자발적으로 절제할 수 있도록 돕는 것이 훨씬 효과적입니다. 이를 위해 부모님은 아이들에게 스마트폰의 장단점을 교육하고, 다양한 대안 활동을 제공하며, 스스로 결단하고 목표를 설정할 수 있도록 도와야 합니다. 이런 방식으로 아이들이 자신의 스마트폰 사용을 잘 관리하고, 더 나은 선택을 할 수 있도록 지도하는 것이 중요합니다.

흔히 하는 실수 3 :
규칙이 일관되지 않은 사용 제한

많은 부모님들이 처음에는 엄격하게 시간을 정하고 스마트폰 사용을 제한하다가, 시간이 지나면서 일관성이 흐트러지게 됩니다. 아이가 울거나 불평하면 그 순간의 평화를 위해 허용하게 되고, 결국 규칙은 무의미해집니다. 이렇게 되면 아이들은 부모님의 규칙을 신뢰하지 않게 되고, 더 많은 시간을 스마트폰에 소비하게 될 가능성이 큽니다.

부모님은 규칙을 정하고, 이를 일관되게 지키는 것이 중요합니다. 예를 들어, 주중에는 스마트폰 사용을 아예 허용하지 않고, 주말에만 정해진 시간 동안 사용하게 한다든지, 학습과 관련된 용도로만 사용하는 등의 규칙을 명확히 합니다. 그리고 이러한 규칙을 가족 모두가 준수할 수 있도록 강력한 의지를 보여야 합니다. 부모님들도 스스로 스마트폰 사용을 절제하며 모범을 보이는 것이 큰 도움이 될 것입니다.

흔히 하는 실수 4 :
스마트폰을 유일한 여가 활동으로 여기는 것

자녀가 스마트폰을 사용하는 시간이 늘어나는 가장 큰 이유 중 하나는 다른 대안적인 활동이 부족하기 때문입니다. 스마트폰을 사용하지 않는 동안 할 수 있는 재미있는 활동이 없다면, 자연스럽게 자녀는 스마트폰으로 다시 손이 갈 것입니다.

자녀가 스마트폰 외에도 즐길 수 있는 다양한 활동을 함께 계획해보세요. 예를 들어 독서, 미술 활동, 보드게임, 스포츠 등은 자녀가 스마트폰 없이도 즐겁게 시간을 보낼 수 있는 훌륭한 대안입니다. 가족과 함께 하는 보드 게임이나 산책, 주말에는 자연을 탐험하는 활동을 계획해서 자녀가 스마트폰 없이도 행복하고 만족스러운 시간을 보낼 수 있도록 돕는 것이 중요합니다. 이렇게 하면서 스마트폰 대신 가족과의 시간을 늘리는 것이 좋습니다.

흔히 하는 실수 5 :
스마트폰 사용의 부정적인 영향에 대해
자주 경고하기만 하는 것

자녀들에게 스마트폰 사용의 부정적인 영향에 대해 계속해서 경고하고 제재만 가하는 것은 오히려 반감을 살 수 있습니다. 이는 자녀가 부모의 말을 듣지 않게 만들고, 부모와 자녀 간의 갈등을 초래할 수 있습니다.

스마트폰 사용의 부정적인 영향에 대해 설명하는 것뿐만 아니라, 왜 이러한 제재가 필요한지, 그리고 자녀의 건강과 행복을 위해 어떤 선택이 더 나은지를 함께 이야기해보세요. 예를 들어, "스마트폰을 많이 사용하면 두통이 생기고 눈이 피로해질 수 있어. 건강하게 지내기 위해서는 매일 조금씩 휴식을 취하고, 다양한 활동을 하는 게 중요해"라는 식으로 설명할 수 있습니다. 또한 스마트폰 없이도 즐거움을 느낄 수 있는 활동들을 제시하고, 이를 통해 자녀가 스스로 균형 잡힌 생활을 추구하도록 유도하는 것이 좋습니다.

흔히 하는 실수 6 :
부모님 스스로의 스마트폰 사용을 통제하지 않는 것

부모님이 자녀에게 스마트폰 사용을 제한하면서 스스로는 스마트폰을 자주 사용한다면, 자녀는 혼란스러워할 수 있습니다. 아이들은 부모님의 행동을 본받기 마련입니다. 부모님이 스마트폰을 지나치게 사용하면 자녀들도 이를 자연스럽게 따라 하게 됩니다.

부모님도 스마트폰 사용 시간을 제한하고, 자녀 앞에서는 가능하면 스마트폰을 사용하지 않도록 노력하는 것이 중요합니다. 가족 식사 시간이나 대화 시간에는 스마트폰을 사용하지 않는 '스마트폰 없는 시간'을 정해서 가족 간에 대화 시간을 가져보세요. 부모님이 솔선수범해서 스마트폰 사용을 절제하는 모습을 보이면, 자녀들도 이를 본받아 스마트폰 사용을 자연스럽게 줄이게 될 것입니다.

부모님은 자녀가 스마트폰에 의존하지 않고, 균형 잡힌 삶을 살 수 있도록 도와줄 중요한 역할을 맡고 있습니다. 스마트폰 사용 규칙을 정하고 일관되게 지키며, 자녀에게 스마트폰 이외의 다양한 활동을 소개해주는 것은 아이들의 건강한 성장에 큰 도움이 됩니다. 또한 부모님 스스로가 모범을 보이며 스마트폰 사용을 절제하는 것이 중요합니다. 이러한 노력을 통해 아이들은 스마트폰에 대한 의존도에서 벗어나, 더 건강하고 활기찬 시간을 보낼 수 있게 될 것입니다.

4장

스마트폰 스스로
절제하기 프로젝트

스마트폰 사용 시간을 단순히 정해놓고 관리하는 것보다 아이들이 스마트폰의 폐해를 스스로 깨닫고 자발적으로 멀리하게 하는 것이 훨씬 효과적입니다. 스마트폰이 해롭기 때문에 절제해야겠다고 스스로 다짐한 아이들은 본인이 목표를 정하고 행동을 절제하려고 노력합니다. 반대로 그러한 개념이 없이 부모의 제지를 당한 친구들은 부모님이 안 보이는 때에 몰래 숨어서 할 시간을 찾게 되겠지요. 따라서 아이들에게 스마트폰 사용의 위험성을 이해시키고, 스스로 선택하도록 돕는 것이 필요합니다.

인생의 비전보드 만들기

아이들이 스마트폰 사용을 절제하도록 돕기 위해, 먼저 그들이 무엇을 진정으로 원하는지, 어떤 목표를 가지고 있는지를 생각해보도록 해야 합니다. 이 과정에서 비전 보드를 만드는 것이 유용할 수 있습니다. 비전 보드는 아이들이 원하는 미래의 모습, 달성하고자 하는 목표 등을 시각적으로 표현한 것입니다. 이를 통해 아이들은 스마트폰 사용 시간보다 더 중요한 목표가 있다는 것을 깨닫고, 이를 위해 현재의 시간을 어떻게 사용할지 고민하게 됩니다.

〈아이들과 함께 비전보드 만들기〉

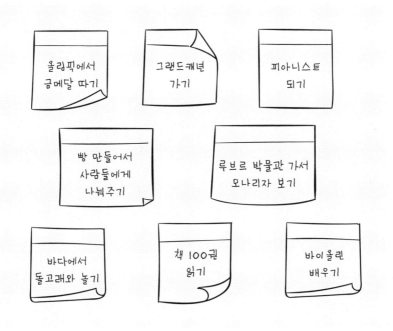

출처 : 저자 제공

실천 방법

아이와 함께 원하는 목표를 적거나 관련된 이미지를 찾아 비전 보드를 만드세요. 예를 들어, 과학자가 되고 싶은 아이는 과학자에 관한 자료를 모으고, 여행을 꿈꾸는 아이는 세계 지도와 명소의 사진을 붙일 수 있습니다. 이렇게 원하는 것을 6~8개 정도 종이에 쓰거나 그려보고 잘 보이는 곳에 붙여둡니다. 이 비전보드를 아이가 자주 볼 수 있는 곳에 두고, 매일 이를 보며 다짐할 수 있도록 도와주세요. 그리고 이 꿈을 실현하기 위해 매일, 지금 해야 할 작은 일을 열심히 하도록 응원합니다. 아이들은 미래에 자신이 원하는 삶을 위해 지금 무엇을 해야 하고, 하지 말아야 하는지 스스로 생각하게 됩니다. 또 넓고 큰 시야로 자신을 바라볼 수 있게 도와줍니다.

미디어 중독의 실제 사례 눈으로 확인하기

스마트폰 중독의 위험성을 이해하지 못하는 아이들에게 그 심각성을 설명하는 것은 쉽지 않습니다. 하지만 실제 사례와 자료를 통해 미디어 중독이 가져올 수 있는 부작용을 구체적으로 보여준다면, 아이들이 경각심을 갖게 될 것입니다.

실천 방법

미디어 중독 예방 영상이나 관련 자료를 아이와 함께 보세요. 아이들이 '스마트폰이 뇌에 어떤 영향을 미치는지', '청소년기 스마트폰 사용으로 인한 실제 피해 사례' 등을 직접 보고 느끼게 하는 것이 중요합니다. 이를 통해 아이들은 스스로 스마트폰 사용을 줄여야 한다는 생각을 하게 됩니다.

내가 스스로 만드는 나만의 미디어 규칙

아이들이 자신의 구체적인 스마트폰 사용 시간 및 이용 규칙을 적어 보도록 합니다. 부모님이 스마트폰 사용에 대한 규칙을 일방적으로 정해 주기보다 아이들이 스스로 규칙을 만들고 지킬 수 있도록 돕는 것이 훨씬 효과적입니다. 아이들은 자신이 만든 규칙을 더 잘 지키고, 이를 통해 자존감도 높아지게 됩니다.

실천 방법

아이와 함께 스마트폰 사용 규칙을 논의해보세요. 이때 '~하지 않겠다'라는 부정적인 표현 대신 '~하겠다'라는 긍정적인 표현으로 제시되는

〈아이들과 함께 세우는 미디어 규칙〉

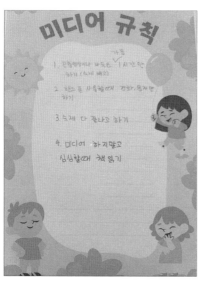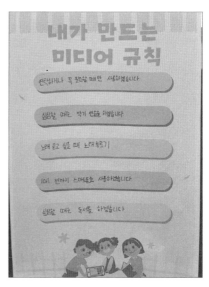

출처 : 저자 제공

것이 좋습니다. 예를 들면 '스마트폰을 1시간 이상 하지 않겠다'라는 목표보다 '책 읽는 시간에 스마트폰 없이 최선을 다해서 집중하겠다', '스마트폰은 주말에 30분씩 하겠다'라고 목표를 세우는 것이 좋습니다. 하지 말아야 할 것은 더 생각나고 하고 싶게 만듭니다. 아이들이 자신과 한 약속을 스스로 지킬 수 있도록 충분히 격려와 응원을 해주세요.

우선순위 체크 리스트와 나만의 위클리 만들기

스마트폰 사용을 절제하려면 일상의 우선순위를 정하고, 계획적으로 시간을 사용하는 습관이 필요합니다. 이를 위해 아이들이 스스로 시간 관리와 우선순위 설정을 연습할 수 있도록 돕는 것이 중요합니다.

실천 방법

아이와 함께 '우선순위 체크리스트'와 '나만의 위클리'를 만들어 보세요. 급한 일이나 하고 싶은 일부터 하는 것이 아니라 중요한 일, 꼭 해야 하는 일부터 우선순위를 매겨 그 일부터 하는 것이지요. '우선순위 체크리스트'는 급한 일보다 중요한 일부터 먼저 하는 습관을 길러줍니다.

'나만의 위클리'는 일주일 동안 해야 할 일에 대해 시간별로 계획을 세우고 이를 차근차근 실천하도록 돕는 표입니다. 아이가 이러한 도구를 통해 자기 주도적으로 시간을 관리하고, 스마트폰 사용 시간을 자연스럽게 줄일 수 있도록 지도하세요.

절제력과 실천 행동 보상하기

아이들이 스스로 정한 규칙을 잘 지키고, 스마트폰 사용을 절제할 수 있도록 격려와 보상을 통해 동기부여를 하는 것도 효과적입니다. 절제하는 습관을 통해 얻는 성취감과 보상은 아이들의 자기 통제력을 더욱 강화시켜줄 것입니다.

실천 방법

한 달 동안 아이가 스스로 평가한 결과가 이전보다 나아졌다면 칭찬해주고, 작지만 의미 있는 보상을 주어 아이들이 자기 절제에 대한 긍정적인 경험을 할 수 있도록 하세요. 예를 들어, 함께 하고 싶은 활동을 계획하거나, 아이가 원하는 작은 선물을 준비할 수 있습니다. '아, 나는 결단한 것을 지킬 수 있구나', '나는 꾸준히 진보를 보이고 있구나', '이렇게 절제했더니 상을 받아서 기쁘다'와 같은 긍정적인 경험을 하도록 도와주세요. 이를 통해 아이는 스스로 결단을 지킬 수 있다는 자긍심을 느끼고, 앞으로도 자기 절제에 대한 동기를 가질 수 있습니다. 스마트폰 사용을 절제하는 것은 단순한 규제의 문제가 아니라, 아이의 자아 존중감과 자기 통제력을 길러주는 중요한 과정입니다. 이 과정을 통해 아이는 스마트폰에 의존하지 않고, 자율적으로 자신의 삶을 관리할 수 있는 능력을 키우게 됩니다.

〈최고의 절제 상〉

출처 : 저자 제공

5장

내 아이의 골든타임 13년

신이 부모에게 주신 유예기간 13년

아이들은 부모를 참 좋아합니다. 부족한 부모라도 자기 엄마 아빠가 늘 최고라고 생각하지요. 아이들은 약속을 안 지키는 엄마 아빠를 늘 용서해주고 새로운 기대감으로 바라봐줍니다. 부모의 말에 순종하고 싶어 하고, 잘 관찰해서 그대로 따라하고 싶어 합니다. 부모가 무엇을 좋아하는지 보고 있다가 자신도 함께 좋아하고, 부모가 싫어하는 것은 자신도 싫어합니다. 이렇듯 인생에서 가장 부모를 필요로 하며 영향을 많이 받는 시기가 바로 13세 이전일 것입니다. 13세 이전의 어린 자녀들은 부모의 보호와 양육을 필수적으로 필요로 합니다. 바꿔 말하면 부모로서 자녀에게 최고로 영향을 줄 수 있는 13년의 골든타임이기도 합니다.

부모 교육 전문가인 짐 페이(Jim Fay)는 부모가 자녀에게 큰 영향을 미칠 수 있는 중요한 시기를 강조하며 이런 말을 남겼습니다.

"신이 세상에 모든 부모에게 공평하게 주신 것이 있다. 그것은 부모의 영향 아래 있는 13년의 기간이다."

어쩌면 자녀의 생애 첫 13년은 신이 부모에게 선물로 준 유예기간일지도 모릅니다. 이는 삶에 중요한 가치관, 행동, 태도를 부모로부터 흡수하며 배우는 매우 중요한 시기이기 때문입니다. 그렇다면 어떻게 양육을 해야 할까요?

부모와 자녀의 친밀감을 높이는 교제

아이들은 부모와의 상호작용을 통해 자신이 사랑받고 있다는 느낌을 받습니다. 이는 자녀의 정서적 안정과 자존감 형성에 큰 영향을 줍니다. 자녀의 학교 활동, 취미, 친구 관계 등 모든 부분에 부모가 관심을 가지고 교제하는 것은 자녀에게 '내가 중요한 존재'라는 인식을 심어줍니다. 부모가 자녀와 보내는 시간 중 교제하는 시간이 많을수록 자녀는 더 건강한 자아를 형성하게 됩니다. 이는 단순히 물리적인 시간을 함께 보내는 것을 이야기하는 것이 아닙니다. 자녀의 이야기를 경청하고, 자녀의 감정을 이해하며, 함께 고민을 나누는 시간을 의미합니다. 부모는 아이들이 느끼는 생각을 존중하고, 자녀의 고민을 진지하게 들어줄 필요가 있습니다. 이러한 시간은 아이들에게 자신이 중요한 존재임을 인식하게 하며, 두려운 세상에 대한 자신감을 갖게 합니다. 아이의 눈을 바라보며 이야기하는 시간을 가져보세요. 또 아이들과 함께 책을 함께 읽고 생각을 나누는 대화를 하는 것은 언제든지 좋습니다.

자녀는 부모의 뒷모습을 보며 자란다

부모는 자녀에게 가장 큰 롤모델입니다. 자녀는 부모의 행동을 보면서 자신도 모르게 그 행동을 따라 하게 됩니다. 부모가 보여주는 행동과 태도는 자녀에게 무의식적으로 전해지며, 이는 자녀의 인격 형성에 큰 영향을 미칩니다. 자녀에게 바람직한 행동과 태도를 가르치고 싶다면, 부모 스스로가 그러한 행동을 실천하면 됩니다. 부모가 정직하고, 책임감 있게 행동하며, 타인에게 존중을 표하는 모습을 자주 보여준다면, 자녀도 자연스럽게 그런 행동을 배우게 됩니다. 이는 단순히 말로 가르치는 것보다 훨씬 더 강력한 교육 효과를 발휘합니다. 잊지 마세요. 자녀는 부모의 말이 아닌 행동을 보면서 자신이 어떻게 행동해야 하는지에 대한 기준을 세웁니다.

너를 항상 뒤에서 응원하고 있어

자녀가 성장하면서 겪게 되는 여러 어려움과 갈등은 부모가 대신 해결해줄 수 없습니다. 그러나 부모와의 관계 깊을수록 이를 안정적으로 극복할 수 있습니다. 부모는 자녀가 문제를 해결할 수 있도록 도와주되, 부모가 주도하지 않고 아이가 주도적으로 해결하도록 해야 합니다. 실패는 성장의 중요한 부분이며, 이를 통해 자녀는 더 큰 성취를 이룰 수 있는 기회를 얻기 때문입니다. 부모의 지지와 격려는 자녀에게 자신감을 심어주고, 그들이 어려운 상황에서도 좌절하지 않고 나아갈 수 있는 힘을 줍니다.

"실패해도 괜찮아. 나도 늘 실패했었어. 실패해도 다시 일어나는 방법을 배우면 돼."

"때로는 온 세상 사람들이 너에게 등 돌릴 수 있어. 하지만 잊지 마. 엄마 아빠는 늘 너를 사랑해."

"잘하지 못해도 너를 사랑해. 너를 늘 응원할게."

부모로서 자녀에게 사랑과 지지를 통해 세상에 대한 친밀함과 안정감을 형성하도록 돕는 것은 자녀에게 줄 수 있는 최고의 유산입니다. 부모님의 응원은 아이가 두려운 세상에 한 발짝 더 내딛을 수 있는 힘이 되어줍니다. 지금 이 순간, 자녀와 함께 보내는 시간을 소중히 여기고, 두 눈을 바라보며 이야기해주세요. 그 누구도 바꿀 수 없이 소중한 내 아이의 든든한 지원자가 되어주세요.

6장

AI 시대에 슈퍼 노멀한
내 아이가 살아남을 수 있을까?

AI와 경쟁해야 할 인류 최초의 세대, 우리 아이들

현재 우리는 20세기부터 시작된 3차 산업 시대를 지나 4차 산업 시대로 접어들었습니다. AI가 주도하는 이 시대는 우리 삶의 방식을 근본적으로 변화시키고 있으며, 이러한 변화의 중심에는 바로 우리 아이들이 서 있습니다. 인류 역사상 처음으로 AI와 경쟁해야 하는 세대, 바로 이 시대의 주역인 우리 아이들입니다. 이들은 과거와는 전혀 다른 방식으로 살아남아야 할 것입니다.

예전에는 지식과 정보를 많이 알고 그것을 처리하는 능력이 중요하게 여겨졌지만, 이제는 AI를 통해 클릭 한 번으로 방대한 정보를 쉽게 처리하고 가공할 수 있는 시대입니다. 단순한 지식이나 반복적인 작업은 AI와 자동화 기계가 대신할 수 있기 때문에, 아이들이 가져야 할 능력은 전혀 다른 차원의 것이 되었습니다.

AI에게 기준과 잣대를 만들어 줄 능력

AI 기술은 교육, 의료, 금융, 제조업 등 다양한 분야에서 혁신을 이끌고 있습니다. 이러한 변화는 아이들에게 도전이자 동시에 커다란 기회가 되어줍니다. 그러나 AI가 아무리 발전해도 인간의 가치를 대신할 수는 없습니다. AI는 인간이 제공하는 데이터를 바탕으로 학습하고 작동하기 때문에, 결국 AI가 올바른 방향으로 발전하기 위해서는 인간이 기준과 잣대를 제시해야 합니다.

이 기준과 잣대는 도덕적, 윤리적 판단을 포함한 인간의 고유한 가치관에서 나옵니다. 이러한 가치관은 어떻게 형성될 수 있을까요? 바로 책을 통해서입니다. 책은 인간의 역사, 철학, 문화, 도덕적 가치관 등을 담고 있으며, 이를 통해 아이들은 올바른 가치관을 형성하고 AI 시대에서 인간으로서의 역할을 다할 수 있게 됩니다.

좋은 학력보다 더 중요한 것은 문제 해결 능력과 창의력

4차 산업혁명 시대를 맞이한 우리는 더 이상 좋은 학력만이 성공의 지름길이 아니라는 것을 깨닫고 있습니다. 문제 풀이 능력만으로는 복잡하고 다변화된 미래를 헤쳐 나가기에 충분하지 않습니다. AI는 이미 인간보다 훨씬 빠르고 정확하게 문제를 풀이할 수 있는 능력을 갖추고 있기 때문입니다. 그렇다면, AI가 할 수 없는 영역은 무엇일까요?

문제를 다각도로 바라보고, 창의적으로 접근하며, 다양한 관점에서 이해하고 공감하는 능력이 바로 그것입니다. 미래에는 단순히 문제를 풀어내는 사람이 아니라, 문제를 조망하고, 다르게 생각하며, 이를 통해 새로운 해결책을 제시할 수 있는 사람이 필요합니다. 그러므로 아이들이 단순한 지식 습득을 넘어서 생각의 폭을 넓히고, 다양한 시각에서 세상을 바라볼 수 있도록 돕는 것이 중요합니다.

슈퍼 노멀한 내 아이를 슈퍼 파워로 만들어 줄 유일한 방법

책 읽기는 아이들에게 문제 해결 능력을 길러주는 훌륭한 도구입니다. 책을 읽으며 다른 사람의 경험과 지혜를 간접적으로 체험할 수 있고, 이는 실제 상황에서 문제를 해결하는 데 큰 도움이 됩니다. 더 나아가, 책을 통해 아이들은 도덕적으로 무엇이 옳고 그른지 고민하며 판단하게 됩니다. 또한 다른 사람들의 상황과 감정에 깊이 동감할 수 있는 공감 능력을 기를 수 있습니다. 이러한 능력들은 AI 시대에서도 인간이 중심에 서게 만드는 중요한 요소입니다. "독서는 인간에게 모든 문을 열어준다"라는 말이 있습니다. 이는 AI 시대에서도 변함없는 진리입니다. 이러한 능력은 AI와 경쟁하면서도 인간으로서의 가치를 잃지 않는 강력한 무기가 될 것입니다.

AI 시대를 이끌어갈 우리 아이들

마이크로 소프트사의 창업자인 빌 게이츠는 어린 시절 부터 많은 책을 읽은 것으로 유명합니다. 그는 "오늘의 나를 만든 것은 우리 마을의 도서관이었다. 하버드 졸업장보다 소중한 것이 독서하는 습관이다. 100년이 지나도 200년이 지나도 결코 컴퓨터가 책을 대체할 수 없다"라고 이야기 합니다. 앞으로 AI가 발전할수록 인간의 고유한 능력은 더욱 빛을 발하게 될 것입니다. 그러므로 부모님들께서는 아이들에게 책 읽기를 통해 이러한 능력을 기를 수 있도록 책을 읽을 수 있는 환경을 만들고, 책을 함께 읽으며, 생각하고, 이야기하도록 지원하고 격려해주시면 좋겠습니다. 아이들이 책을 통해 세상을 바라보고, 이 시대를 이끌어 나갈 수 있도록 도와주세요. 책 속에서 아이들이 새로운 세상을 경험하고, 그 속에서 자신의 능력을 키우며, AI 시대를 이끌어 나갈 수 있는 힘을 얻게 되길 바랍니다.

부록

. . . . . .

아이와 함께
가볼 만한 도서관

서울

국립 어린이 청소년 도서관

〈서울 국립 어린이 청소년 도서관〉

출처 : 서울 국립 어린이 청소년 도서관 홈페이지

국립어린이청소년도서관은 아이들이 좋아하는 다양한 프로그램과 자료 등을 제공합니다. 독서 통장 프로그램이 있어서 자기가 읽은 책들을 통장에 기재할 수 있습니다. 또 '미꿈소'라는 프로그램이 월별로 제공되어 어린이와 청소년들이 다양한 문화와 VR프로그램 등을 체험하며 특별한 경험을 할 수 있습니다.

<도서관 정보>

1. 주소 : 서울특별시 강남구 테헤란로7길 21(삼성동)

2. 연락처 : 02-3413-4800

3. 운영 시간 : 09:00~18:00(휴관일 : 매월 둘째, 넷째 월요일, 일요일을 제외한 관공서 공휴일)

4. 대중교통 이용 방법
- 지하철 : 2호선 신분당선 강남역(12번 출구)에서 역삼역 방향으로 80m 걷다가 국립어린이 청소년 도서관 방향으로 걷기
- 버스 : 교보타워사거리, 교보타워사거리 CGV 앞, 강남역 씨티극장 반대편, 강남역 하나은행, 강남역 세무서 정류장에 140, 144, 145, 360, 402, 407, 408, 420, 440, 462, 470, 471, 3412, 4412 등 수많은 버스가 다니고 있으므로 검색 후 이용 가능

5. 자가용 이용 방법 및 주차 공간
네비게이션에 '역삼문화공원 제1호 공영주차장'을 찍고 이곳에 주차하시고 오시면 편리합니다. 주차장이 복잡해서 대중교통 이용을 권합니다.

6. 이용 방법
일일 이용증, 정기 이용증, 모바일 이용증 등을 발급 받아 자료 이용 가능

7. 특별 프로그램

⑴ 미래 꿈 희망 창작소(미꿈소)

미래 꿈 희망 창작소, 미꿈소는 어린이와 청소년의 융합적인 사고능력을 향상시킬 수 있는 '독서와 메이킹 활동'을 접목한 새로운 형태의 창작소입니다. '만들고, 배우고, 공유하다'라는 슬로건 아내 다양한 장비, 창작 프로그램 등을 접목해서 흥미롭고 창의적인 메이커 경험을 제공합니다.

- 프로그램 내용

  ·소프트웨어 교육 : 코딩, 로봇, AI 등 다양한 소프트웨어 교육 프로그램 운영

  ·창의적 체험 활동 : 3D 프린팅, VR 체험 등 다양한 창의적 체험 활동 제공

〈미꿈소 월별 프로그램〉

출처 : 서울 국립 어린이 청소년 도서관 홈페이지

- 접수 방법 : 도서관 홈페이지를 통해 사전 예약 가능, 프로그램마다 접수 기간과 인원이 제한되어 있으므로 조기에 신청 필요

⑵ 독서 통장

독서 통장 프로그램은 아이들이 책을 읽은 후 독서 통장 정리기에 독서 통장을 넣으면 읽었던 책의 이력(읽은 날짜, 책 이름, 지은이, 주제명)이 통장에 출력됩니다. 독서 통장을 이용하면 독서 이력을 관리하면서, 통장을 채우는 재미도 느낄 수 있습니다.

※ 더 많은 정보는 국립 어린이 청소년 도서관 웹페이지(https://www.nlcy.go.kr/NLCY)에서 확인할 수 있습니다.

서울

아차산 숲속 도서관

〈아차산 숲속 도서관 전경〉

출처 : 저자 제공

서울 광진구에 위치한 아차산 숲속 도서관은 자연 속에서 독서를 즐길 수 있는 특별한 공간입니다. 도서관 내부는 다소 좁은 편이나, 도서관 2층 외부에 산자락에서 독서 공간을 제공해서 아이들이 자연을 느끼며 독서할 수 있는 환경을 제공합니다. 아차산 생태공원, 유아 숲 체험장과 가까워 숲에서 힐링하는 경험을 할 수 있습니다.

〈아차산에서 바라본 도서관 풍경(좌), 도서관 내부(우)〉

출처 : 저자 제공

<도서관 정보>

1. 주소 : 서울특별시 광진구 영화사로 139(광장동)

2. 연락처 : 02-2049-2970

3. 운영 시간 : 09:00~18:00(휴관일 : 매주 화요일, 법정 공휴일)

4. 대중교통 이용 방법
- 지하철 : 5호선 아차산역 2번 출구에서 도보 21분 거리
- 버스 : 아차산역사거리 정류장에서 마을버스 광진03 이용, 성안약국 정
    류장에서 하차 후 도보 10분

5. 자가용 이용 방법 및 주차 공간
- 자가용 이용 방법 : 서울 외부에서 출발 시 강변북로 또는 올림픽대로를
  이용해서 광진구 방향으로 이동
- 주차 공간 : 도서관 내 주차 공간이 없어 대중교통 이용을 권장하며, 인
  근 공영주차장을 이용할 수 있습니다. 주말 및 공휴일에 한해 근처 동의
  초등학교 주차장이 유료로 개방됩니다. 운영시간은 09:00~18:00이며
  10분에 250원입니다.

6. 이용 방법
- 도서 대출 : 회원증을 발급받아 이용 가능하며, 1인당 최대 5권까지 15
  일간 대출 가능합니다.

※ 더 많은 정보는 광진구립도서관 공식 웹사이트(https://www.gwangjinlib.seoul.kr/)
  에서 확인할 수 있습니다.

성남시 중원 어린이 도서관

〈성남시 중원 어린이 도서관 내부(좌), 우주체험관(우)〉

출처 : 저자 제공

경기도 성남시에 위치한 중원 어린이 도서관은 우주체험관과 AR 동화 체험 등 아이들의 흥미를 끌고 창의력을 자극하는 프로그램이 다양하게 마련되어 있습니다. 4층에는 우주전시실과 3D 상영관이 있어 아이들이 우주에 대해 인식하고 발견하는 데 도움을 줍니다. 옥상에는 태양 관측망원경이 있어 특수 제작된 안경을 쓰고 망원경으로 태양을 관찰할수 있습니다. 찾아가시는 길이 언덕길이고 주택가에 위치해 있으므로 미리 길을 확인해보고 방문하세요.

<도서관 정보>

1. 주소 : 경기도 성남시 중원구 산성대로 408번길 42(금광동)

2. 연락처 : 031-729-4354

3. 운영 시간
   - 11~2월, 토, 일요일 : 09:00~18:00
   - 3~10월 : 09:00~20:00(휴관일 : 매주 월요일, 법정 공휴일)

4. 대중교통 이용 방법
- 지하철 : 8호선 단대오거리역 2번 출구로 나와서 버스 환승
- 버스 : 3-1, 17, 17-1, 17-1A, 57, 60, 100, 340, 342, 382, 720-1A, 7(마을버스), 87(마을버스) 금광1, 2동 주민센터, 중원어린이도서관에서 하차(도보 10~15분 소요)

5. 자가용 이용 방법 및 주차 공간
- 자가용 이용 방법 : 서울 외부에서 출발 시 분당-수서 도로를 이용해서 성남시청 방향으로 이동
- 주차 공간 : 도서관 내 주차 공간이 마련되어 있으나, 공간이 협소해서 대중교통 이용을 권장합니다.

6. 이용 방법
- 도서 대출 : 회원증을 발급받아 이용 가능하며, 1인당 최대 5권까지 2주간 대출 가능합니다.

7. 특별 프로그램

⑴ 우주체험관

별자리 학습시설, 우주정거장 등 우주과학에 대한 다양한 체험시설을 갖추고 있으며, 사계절 별자리를 관찰할 수 있습니다. 현장 선착순으로 이용 가능합니다.

· 운영 시간 : 평일 09:00~17:00(점심시간 12:00~13:00 제외)

〈우주체험관에서 체험하는 모습〉

출처 : 저자 제공

⑵ 주, 야간 천체 관측

천체망원경을 통해 태양의 다양한 모습(주간)과 밤하늘(야간)을 관측하는 프로그램

- 운영 시간
· 주간(화~토) : 14:00~14:20_태양 관측

· 야간(목~금) : 19:30~21:00_천체 관측(달, 행성, 별 등)
- 예약 방법 : 도서관 홈페이지를 통해 사전 예약 필요(남는 자리에 한해 현장 선착순)

※ 더 많은 정보는 성남시 중원도서관 공식 웹사이트(https://www.snlib.go.kr/)에서 확인할 수 있습니다.

경기도

남양주 정약용 도서관

〈남양주 정약용 도서관(좌), 어린이 도서관 내부(우)〉

출처 : 저자 제공

경기도 남양주시에 위치한 정약용 도서관은 1층에 어린이 도서관이 넓고 편리한 시설로 구성되어 있습니다. 아이들이 편히 쉬며 책을 읽을 수 있는 공간은 물론 부모님들께서 책을 읽어주시는 공간도 다양하게 마련되어 있습니다. 도서관 내부가 넓고 깨끗하고 쾌적해서 아이들뿐 아니라 어른들도 함께 편안하게 독서와 학습을 할 수 있습니다.

〈어린이 도서관 속 책 읽어주는 공간〉

출처 : 저자 제공

<도서관 정보>

1. 주소 : 경기도 남양주시 다산중앙로82번안길 138

2. 연락처 : 031-590-2586

3. 운영 시간
   - 평일 : 09:00 - 22:00(종합자료실)
   - 주말 : 09:00 - 18:00
   (휴관일 : 매월 첫째, 셋째 금요일 및 법정 공휴일)

4. 대중교통 이용 방법
   - 지하철 : 경의중앙선 도농역 하차(도보 10분)
   - 버스 : 165, 23, 65, 1-4, 10-5, 97, 65-1, 93, 30, 9, 167, 9-1, 167-1,
     2000-1(도보 10분) 다산2동 주민센터·양정초교·한화아파트 하차

     땡큐10, 땡큐11, 땡큐90 정약용도서관 하차

5. 자가용 이용 방법 및 주차 공간
- 자가용 이용 방법 : 북부간선로에서 구리 IC를 통해 의정부 지방법원 방향으로 이동
- 주차 공간 : 도서관 내 주차 공간이 마련되어 있으며, 무료로 이용 가능합니다. 다만, 주말 및 공휴일에는 혼잡할 수 있으므로 대중교통 이용을 권장합니다.

6. 이용 방법
- 도서 대출 : 회원증을 발급받아 이용 가능하며, 1인당 최대 20권까지 15일간 대출 가능합니다.

7. 특별 프로그램
월별로 책 벼룩시장, 작가 초청 강연회 등 다양한 문화 행사 등이 마련되어 있어 홈페이지에서 확인 후 이용 가능합니다.

※ 더 많은 정보는 남양주시 도서관 공식 웹사이트(https://lib.nyj.go.kr)에서 확인할 수 있습니다.

경기도

판교 어린이 도서관

〈판교 어린이 도서관 내부〉

출처 : 저자 제공

판교 어린이 도서관은 다양한 어린이 자료와 프로그램을 제공하며, 3층에 로봇 체험관이 마련되어 있어 다양한 체험이 가능합니다. 로봇 교실, 로봇 동아리 등의 로봇 프로그램을 운영하고 있어 아이들에게 창의적 사고와 과학적 지식을 제공합니다.

<도서관 정보>

1. 주소 : 경기도 성남시 분당구 판교역로 75(백현동 523)

2. 연락처 : 031-729-4630

3. 운영 시간
   - 3~10월 : 09:00~20:00
   - 11~2월, 토, 일 : 09:00~·18:00
   (휴관일 : 매주 월요일, 법정 공휴일)

4. 대중교통 이용 방법
- 지하철 : 신분당선 판교역 3번 출구에서 낙생육교 방향으로 이동후 도서
  관 방향으로 도보 13분 이동
- 버스 : 판교 어린이 도서관 정거장 720-2, 마을버스76 이용 가능

5. 자가용 이용 방법 및 주차 공간
- 자가용 이용 방법
  · 서울에서 출발 시 : 경부고속도로를 이용해 판교 IC에서 하차 후 약 10
  분 소요
  · 경기 남부에서 출발 시 : 분당-수서 도로를 이용해 판교역 방향으로 이동
- 주차 공간 : 도서관에 주차 공간이 마련되어 있으며, 주말 및 공휴일에는
  주차장이 혼잡할 수 있으므로 대중교통 이용을 권장합니다.

6. 이용 방법
- 도서 대출 : 회원증을 발급받아 이용 가능하며, 1인당 최대 6권까지 2주
  간 대출 가능합니다.

7. 특별 프로그램
- 로봇 체험관 : 판교 어린이 도서관 3층에 로봇 체험관이 있어 4차 산업혁
  명 및 로봇과 관련된 최신의 기술을 체험·교육할 수 있는 공간입니다. 아
  이들에게 창의적 사고와 과학적 지식을 제공하는 다양한 로봇 체험과 교
  육을 운영하고 있습니다. 미리 홈페이지를 통해 사전 예약하거나, 현장

에서 선착순으로 신청 후 이용 가능합니다.

※ 더 많은 정보는 판교 어린이 도서관 웹사이트(https://www.snlib.go.kr/)에서 확인
할 수 있습니다.

강원도

원주시 그림책 도서관

〈원주시 그림책 도서관〉

출처 : 원주시 그림책 도서관 홈페이지

남산골 문화센터 내에 위치한 옛 원주여자고등학교를 복합문화교육 공간으로 조성한 그림책 도서관입니다. 전시실에는 그림책 작가의 기획 전시, 상설 전시, 그림책 관련 놀이와 체험 등을 경험할 수 있고 다목적실 에서는 연령별 문화 프로그램, 강의가 이루어지며, 자료실에서는 국내외 양질의 그림책 도서가 비치되어 있습니다.

<도서관 정보>

1. 주소 : 강원도 원주시 향교길 77

2. 연락처 : 033-737-4696/4697

3. 운영 시간 : 09:00~18:00(휴관일 : 매주 월요일, 법정 공휴일)

4. 대중교통 이용 방법
- 버스 : '대성현대아파트' 정류장으로 6, 10, 31, 32, 34, 34-1, 41, 51, 51-1,52, 52-1, 55, 55-1 등 다양한 버스가 있으므로 검색 후 이용 가능

5. 자가용 이용 방법 : 남산골 문화센터 주차장 주차 후 도보 약 5분 소요

6. 이용 방법
- 도서 대출 : 회원증을 발급받아 이용 가능하며, 1인당 최대 6권까지 2주 간 대출 가능합니다.

7. 특별 프로그램
그림책 감정여행, 그림책으로 여는 미술세상, 그림책과 함께하는 보드게 임 등 다양한 문화체험 프로그램이 준비되어 누구나 신청과 참여가 가능 합니다.

※ 더 많은 정보는 원주 그림책 도서관 웹사이트(https://lib.wonju.go.kr/pb)에서 확 인할 수 있습니다.

충청도

청주 열린 도서관

〈청주 열린 도서관〉

청주 열린 도서관은 소리가 있는 도서관으로 누구나 자유로운 분위기 속에서 책을 소리 내어 읽어줄 수 있는 공간입니다. 중앙에 캠핑존이 있어 아이들이 좋아하는 텐트 공간 속에서 책을 읽을 수 있는 특별한 경험을 할 수 있습니다. 각종 문화 활동과 다양한 독서 활동 프로그램을 제공

함으로써 아이들과 도서관을 즐겁고 친숙하게 이용하실 수 있습니다.

<도서관 정보>

1. 주소 : 충청북도 청주시 청원구 상당로 314 문화제조창C 5층

2. 연락처 : 043-241-0651

3. 운영 시간
   - 평일 : 10:00~20:00
   - 주말 : 09:00~17:00
   (휴관일 : 매주 월요일, 법정 공휴일)

4. 대중교통 이용 방법
- 버스 : '청주문화산업단지입구', '문화제조창' 정류장에서 이용 가능, 일반 011, 012, 018, 111, 112, 113 등, 좌석 105, 105-1, 407 등 다양한 버스가 있으니 검색 후 이용 가능

5. 자가용 이용 방법 및 주차 공간
- 자가용 이용 방법 : 네비게이션에 '문화제조창 제1주차장'으로 검색하시어 방문하시면 됩니다. 건물 안으로 들어와 중앙 엘리베이터를 타고 5층으로 오시면 됩니다.

6. 이용 방법
- 도서 대출 : 대출 불가, 열람만 가능합니다.

7. 특별 프로그램
독서문화 프로그램, 3D펜 특강, 독서모임 '희희낙락', 퇴근길 통기타, 길 위의 인문학, 디지털 배움터 등 다양한 프로그램이 준비되어 있어 누구나 신청과 참여가 가능합니다.

※ 더 많은 정보는 청주 열린 도서관 공식 웹사이트(http://www.cj-openlibrary.co.kr)에서 확인할 수 있습니다.

경상도

부산 시청 어린이 도서관 들락날락

〈부산 시청 어린이 도서관 들락날락〉

　부산시에서 조성한 어린이 도서관 '들락날락'은 어린이와 가족들이 함께할 수 있는 다채로운 프로그램과 다양한 자료를 제공하며, 교육과 재미를 동시에 누릴 수 있는 공간입니다. 현재 부산 전역에 55곳이 운영 중

입니다. 부산 시청에 있는 '들락날락'은 아이와 부모가 함께 놀이와 독서, 디지털 체험 등을 할 수 있습니다. 어린이 및 유아 자료실, 최첨단 실감형 기술을 도입한 디지털 체험관, 다목적실 등 어린이와 가족이 함께 안전하게 책을 읽고 체험하며 문화를 즐길 수 있는 어린이 도서관을 운영하고 있습니다.

〈미디어 아트 전시관 : 빈센트 반고흐〉

출처 : 부산 시청 어린이 도서관 들락날락 홈페이지

<도서관 정보>

1. 주소 : 부산시 연제구 중앙대로 1001(연산동) 부산시청 1층

2. 연락처 : 051-888-2046~7

3. 운영 시간
- 평일 : 09:00~19:00
- 주말 : 10:00~18:00

(휴관일 : 법정 공휴일)

4. 대중교통 이용 방법
- 지하철 : 1호선 시청역(3번 출구) 하차 후 지하철 연결통로 이용
- 버스 : 부산시청 86, 87, 110-1, 131, 179

5. 자가용 이용 방법 및 주차 공간
네비게이션에 '부산 시청'을 입력해서 오시면 됩니다. 부산 시청 내 주차장이 구비되어 있으며, 주차 요금은 따로 부과됩니다.

6. 특별 프로그램

〈문화공간 특화 프로그램〉

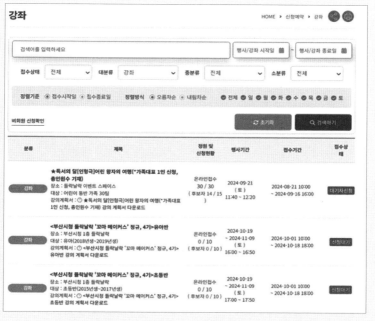

출처 : 부산 시청 어린이 도서관 들락날락 홈페이지

(1) 디지털 배움터

부산시 정보화담당관과 협업해서 어린이 누구나 쉽게 디지털교육을 받을 수 있도록 부산 들락날락 공간에서 어린이를 위한 디지털 체험 및 교육을 제공합니다. 기초코딩, SNS 활용 교육, 3D프린트 활용 교육 및 키오스크, VR, AI 등 기자재 체험활동이 마련되어 있습니다.

(2) 똑똑 마음아

부산시 아동보호종합센터와 협업해서 아동의 심리·정서적 지원이 필요한 아동과 부모를 위한 집단 심리치료 프로그램을 제공합니다. 가족관계 향상이 필요한 부모와 아동이 있는 가정을 대상으로 감정코칭 놀이치료가 있습니다.

(3) 들락날락 영어랑 놀자

영어하기 편한 도시 구현을 위해 어린이들이 자연스럽게 영어를 경험하도록 소통 중심, 체험 중심의 원어민 영어프로그램을 제공합니다. 영어 퀴즈, 게임, 노래와 율동 등 체험 중심, 놀이 중심의 원어민 영어교육 프로그램이 준비되어 있습니다.

(4) 들락날락 과학교실

부산시 미래기술혁신과와 협업해서 어린이들이 과학적 상상력과 창의력을 키울 수 있도록 국립부산과학관 과학프로그램을 제공합니다. 반짝반짝 회로 등대 만들기, 의라차차 투척기 제작, 미니현미경 관찰 등 과학 원리를 활용한 실험 교육 등 다양한 프로그램이 준비되어 있습니다.

(5) 들락날락 꼬마메이커스

부산시 미래기술혁신과와 협업해서 어린이들이 과학적 상상력과 창의력을 키울 수 있도록 국립부산과학관 과학프로그램을 제공합니다. 체험·실습 중심의 메이커 프로그램으로 교구재 활용 교육, 장비 활용 교육, 원데이 클래스 등 다양한 메이커 활동이 진행됩니다.

※ 더 많은 정보는 부산 사상 어린이 도서관 들락날락 공식 웹사이트(www.busan.go.kr/bschild)에서 확인할 수 있습니다.

전라도

광주 국립 아시아 문화전당(ACC) 어린이 도서관

〈광주 국립 아시아 문화전당(ACC) 어린이 도서관〉

출처 : 광주 국립 아시아 문화전당(ACC) 어린이 도서관 홈페이지

광주 국립 아시아 문화전당 어린이 문화원 내 어린이 도서관은 국내 및 아시아 각국의 어린이 자료를 열람할 수 있을 뿐 아니라 책을 활용한

다양한 문화 교육 프로그램이 운영되는 어린이 문화 공간입니다.

〈광주 국립 아시아 문화전당(ACC) 어린이 문화원〉

출처 : 광주 국립 아시아 문화전당(ACC) 어린이 도서관 홈페이지

<도서관 정보>

1. 주소 : 광주시 동구 문화전당로 38

2. 연락처 : 1899-5566

3. 운영 시간 : 09:00~20:00(휴관일 : 매주 월요일, 법정 공휴일)

4. 대중교통 이용 방법
- 지하철 : 광주 지하철 1호선 문화전당역에서 하차 후, 1번 출구로 나오시
  면 도보로 5분 내외 거리입니다.
- 버스 : 광주 시내버스 01, 12, 15, 26, 27, 28, 29번 등을 이용해서 문화전

당 정류장에 하차하시면 됩니다.

5. 자가용 이용 방법
문화전당 내 주차장이 구비되어 있으며, 주차 요금은 따로 부과됩니다. 네비게이션에 '국립아시아문화전당'을 입력해서 오시면 됩니다.

6. 이용 방법
- 도서 열람 : 도서와 자료는 자유롭게 열람이 가능하나, 대출은 불가합니다.
- 도서 분류 : 도서관은 KDC(한국법)을 기준으로 도서가 분류되어 운영되고 있습니다.
- 도서 검색 : 도서관 내 도서검색대를 활용해서 보유 도서를 검색할 수 있습니다.
- 월간 북큐레이션 : 어린이를 위한 추천 도서 목록을 매월 제공합니다.
- 아가 책 놀이방 : 3세 이하 영아만 이용 가능한 놀이방이 운영됩니다.

7. 어린이 도서관 이용 방법
어린이 도서관은 다양한 연령층의 어린이들이 자유롭게 이용할 수 있으며, 책과 자료의 대출은 불가하지만, 도서 열람과 검색은 가능합니다. 어린이 전용 공간이 잘 마련되어 있어 독서와 학습에 최적화된 환경을 제공합니다.

8. 특별 프로그램
도서관에서는 정기적으로 독서 프로그램, 문화 워크숍, 전시회 등 다양한 특별 프로그램이 진행됩니다. 프로그램의 내용과 일정은 국립 아시아 문화전당 ACC 어린이 도서관 웹사이트에서 확인할 수 있습니다.

※ 더 많은 정보는 국립 아시아 문화전당 ACC 어린이 문화원 내 어린이도서관 공식 웹사이트(https://www.acc.go.kr/child)에서 확인할 수 있습니다.

제주도

별이 내리는 숲 어린이 도서관

〈제주 별이 내리는 숲 어린이 도서관 전경〉

출처 : 별이 내리는 숲 어린이 도서관 홈페이지

제주 도서관 옆에 위치한 별이 내리는 숲 어린이 도서관은 바다, 곶자왈, 한라산, 하늘 등 제주의 자연을 떠올릴 수 있는 복합문화공간으로 이루어져 있습니다. 1, 3층은 어린이 도서관, 2층은 북카페, 4층은 복합문화공간으로 되어 있어 어린이와 가족들이 넓은 공간에서 쾌적하게 독서를 할 수 있습니다.

〈별이 내리는 숲 어린이 도서관〉

출처 : 별이 내리는 숲 어린이 도서관 홈페이지

<도서관 정보>

1. 주소 : 제주특별자치도 제주시 연삼로 489

2. 연락처 : 064-717-6400

3. 운영 시간 : 09:00~18:00(휴관일 : 매주 월요일, 법정 공휴일)

4. 대중교통 이용 방법
- 버스 : 주변 정류장이 연수마을, 근로복지공단, 경제통상진흥원, 제주동
  여자중학교로 되어 있어 간선 320, 330-1,343-1 등, 지선 415, 420-1 등
  의 다양한 버스 이용 가능

5. 자가용 이용 방법 및 주차 공간
도서관 내 주차장이 구비되어 있으며, 주차 요금은 따로 부과됩니다. 네비
게이션에 '제주 도서관'을 입력해서 오시면 됩니다.

6. 이용 방법
- 도서 대출 : 회원증을 발급받아 이용 가능하며, 1인당 최대 5권까지 15
  일간 대출 가능합니다.

7. 특별 프로그램
별숲나들이는 유아 및 초중등 어린이들에게 도서관을 친숙하게 이용할 수
있도록 소개하는 견학 프로그램입니다. 도서관 탐방, 상상누리 체험, 책
읽어주기, 책과 함께하는 보드게임, 책놀이 프로그램, 진로직업체험 등으
로 이루어져 있어 도서관에서 아이들의 다양한 체험이 가능합니다.

※ 더 많은 정보는 제주 별이 내리는 숲 어린이 도서관 공식 웹사이트(https://org.
jje.go.kr/lib)에서 확인할 수 있습니다.

<참고 도서>

《프랑스 교육처럼》, 이지현, 지우출판

《초등 매일 습관의 힘》, 이은경 외 14인, 황금부엉이

《청소년 스마트폰 디톡스》, 김대진, 생각속의 집

《우리 아이 게임 절제력》, 권장희, 마더북스

《문해력을 키우는 책 육아의 힘》, 권이은, 유아이북스

《30일 완성 초등 문해력의 기적》, 장재진, 북라이프

《초등 어휘력이 공부력이다》, 박명성, 한빛라이프

《하루 15분 책 읽어주기의 힘》, 짐트렐리즈, 북라인

《왜 학생들은 학교를 좋아하지 않을까》, 대니얼 T. 윌링햄,

《책 읽는 뇌》, 매리언 울프, 살림

《밥상머리의 작은 기적》, SBS스페셜 제작팀, 리더스북

《낭독 독서법》, 진가록, 북싱크

《더 넓고 더 깊게 십진분류 독서법》, 장대은, 임재성, 청림출판

엄마가 만드는 책 읽기의 기적

제1판 1쇄 2024년 12월 5일

지은이   김현주
펴낸이   한성주
펴낸곳   ㈜두드림미디어
책임편집   신슬기
디자인   얼앤똘비악(earl_tolbiac@naver.com)

㈜두드림미디어
등록   2015년 3월 25일(제2022-000009호)
주소   서울시 강서구 공항대로 219, 620호, 621호
전화   02)333-3577
팩스   02)6455-3477
이메일   dodreamedia@naver.com(원고 투고 및 출판 관련 문의)
카페   https://cafe.naver.com/dodreamedia

ISBN   979-11-94223-22-1 (03370)

책 내용에 관한 궁금증은 표지 앞날개에 있는 저자의 이메일이나
저자의 각종 SNS 연락처로 문의해주시길 바랍니다.